세 아이 엄마,
목민의 길을 걷다

세 아이 엄마,
목민의 길을 걷다

빈손으로 60억 매출 일군 외식업체 사장의 성공 습관

초 판 1쇄 2025년 04월 02일

지은이 김혜숙
펴낸이 류종렬

펴낸곳 미다스북스
본부장 임종익
편집장 이다경, 김가영
디자인 윤가희, 임인영
책임진행 김은진, 이예나, 김요섭, 안채원, 장민주

등록 2001년 3월 21일 제2001-000040호
주소 서울시 마포구 양화로 133 서교타워 711호
전화 02) 322-7802~3
팩스 02) 6007-1845
블로그 http://blog.naver.com/midasbooks
전자주소 midasbooks@hanmail.net
페이스북 https://www.facebook.com/midasbooks425
인스타그램 https://www.instagram.com/midasbooks

ISBN 979-11-7355-176-5   03190

값 19,500원

미다스북스는 다음세대에게 필요한 지혜와 교양을 생각합니다.

세 아이 엄마,
목민의 길을 걷다

빈손으로 60억 매출 일군 외식업체 사장의 성공 습관

| 김혜숙 지음 |

미다스북스

사랑하는 울 엄마

가랑비가 보슬보슬 내리는 이른 오후, 엄마는 내가 오는 줄도 모르고 거실에 돗자리를 펴 놓고 시금치를 손질하고 계셨다.

"엄마!"

"아이고, 어쩐 일이고."

"엄마 보고 싶어서 왔지."

덥석 내 손을 잡으시고 "춥다. 여기로 앉아라." 하신다.

내 손을 덮은 엄마의 두 손은 소나무 껍질 같다.

"고생이 많제?"

한없이 거친 손길의 따뜻함, 내 모든 힘겨움을 녹여버리던 포근한 손길, 안쓰러움이 역력한 눈빛, 검은 머리카락을 찾을 수 없는 백발, 일을 너무

하셔서 굽어 펴지지 않는 허리. 이 굽은 허리로 느린 걸음을 옮기시며 엄마는 내 손을 이끄신다. 뿌연 안개 사이로 보슬비는 보드랍게 잔디며 꽃나무며 모든 식물에게 봄이 올 거라는 소식을 속삭이고 있다.

우리 텃밭엔 15미터짜리 작은 하우스가 하나 있다. 겨울이면 이 공간에서 엄마는 할 수 있을 만큼의 야채를 키워 내게 보내주신다. 손수 농사지은 냉이, 달래, 파, 상추, 치커리를 비롯해 저장해 놓았던 고구마, 젓갈 등을 오빠나 동생 차에 더 이상 들어갈 수 없을 때까지 꼭꼭 실어 보내신다.

엄마는 앞마당을 거쳐 이 작은 하우스를 지나더니 내 손을 이끌고 계속 가서 새로운 하우스 앞에서 멈췄다. 하우스 두 동을 새로 지었다고 한다. 젊은 사람들이나 농사지을 만한 거대한 하우스였다. 엄마는 어린아이가 사랑하는 비밀 장소를 보여주듯이, 세상 다 가진 것 같은 행복한 미소를 띠고 계셨다.

나는 가슴이 철렁했다. 그녀는 89세, 내일이면 90이라는 나이를 가슴에 단다. 보지 않아도 눈에 선하다. 새벽부터 이 어마어마한 하우스에서 얼마나 많은 채소 모종을 심고 풀을 뽑고 물을 주는 일을 반복할 건지…. 딸을 위해 고생하실 엄마의 모습이 파노라마처럼 그려졌다. 이렇게 분주하게 일하다 다치기라도, 아프기라도 하면 어쩌나 하는 걱정이 앞섰다.

엄마는 낮은 의자 하나를 밀어주며 앉으라고 했다. 그제야 겨울 하우스의 따뜻한 온기가 느껴졌다. 이 고랑은 치커리, 저 고랑은 상추, 저쪽 고랑은 뭐, 그 건너 고랑은 뭐 하며 묻지도 않았는데 심어놓은 채소 이름을 하나하나 딸에게 보고하는 엄마의 신난 얼굴은 걱정스러워도 말리지 말라고 하는 선전포고 같았다.

추운 겨울 밖에서 일하는 것에 비하면 차가운 바람도 들어오지 않고 좋겠지만 마음 한편이 무거운 것은 거부할 수 없었다.

"하우스 두 동을 지어놓으니 내가 부자가 된 것 같다."

엄마의 말씀에 얼마나 많은 채소를 또 바리바리 싸서 보낼지 눈앞에 선했다.

"내가 죽거들랑 식당 하지 마라. 해줄 사람도 없는데….'

엄마는 엄마가 농사지은 것으로만 채소를 조달하는 줄 아나보다. 하우스를 뒤로 하고 굽은 허리에 종종걸음을 하는 엄마의 몸짓은 가벼워 보였다. 뒤를 따라가는 나의 가슴은 먹먹하고 차오르는 뜨거운 눈물이 앞을 가려 내리는 보슬비도 보이지 않았다.

엄마의 가벼운 걸음만큼이나 무거운 내 발걸음. 엄마라는 존재, 굽은 허리로 나를 감싸주고 삶이 힘들어 주저앉고 싶은 나를 거칠지만 부드러운 손길로 일으켜 세워준 엄마.

"괜찮다. 고맙다."

항상 내게 용기를 주던 엄마의 한마디.

천천히 걸음을 옮기는 엄마처럼 느린 호흡으로 긴 아픔을 끌어올려 뱉어본다. 손으로 뜨거운 눈물을 꾹꾹 누르고 다시 긴 한숨을 내뿜고 나서 엄마 뒤를 따라 거실로 들어갔다.

어릴 적 아버지는 6·25 참전용사라는 아픔으로 항상 술을 달고 살았다. 육 남매 우리를 누구보다 잘 키우고 싶었던 엄마는 산을 개간해서 만든 밭이랑에 고구마 순을 심었고 그렇게 시간이 지나 고구마를 캐기 시작하면 우리도 도와야 했다.

자그마한 밭이 몇십 개 되었다. 밭 구덩이를 깊게 파서 고구마를 저장하고 그 위에 흙을 무덤만큼이나 덮어 고구마가 귀한 철이 되면 파내곤 했다. 이때만큼은 아버지도 열심히 도왔던 것 같다. 엄마는 우리를 개천 예술제 구경 시켜준다는 말로 많이 꼬셨다. 고구마 철이 다가오면 일을 하기 싫었던 기억도 난다.

고구마밭 끝자락에 복숭아밭이 있었다. 나는 그때 엄마를 많이 도와드렸다. 엄마는 복숭아를 따다가 잠깐 쉴 때면 벌레 먹은 복숭아를 돌려 깎아 내게 건네주곤 했다. 그 복숭아 맛은 지금도 잊을 수가 없다. 말캉거리면서 달콤하기가 최고여서 입가에 군침을 그냥 흘러내리게 했다.

산꼭대기 복숭아밭에서 잠시 쉬면서 바라보는 작은 우리 동네는 너무 평화롭고 아름다웠다. 나는 그곳을 너무 좋아했다. 복숭아밭 왼쪽엔 높은 산 아래로 개천이 흐르고 그 옆으로 평야가 펼쳐져 있었다. 또 그 옆으로

시골집에서 바라본 마을 전경

는 신작로가 뻗어 있었고 집들이 옹기종기 40~50채 자리해 있었다. 고즈 넉한 마을이었다. 나는 그때부터 꽃과 풀을 좋아했나 보다. 산속에 핀 패랭이꽃이 너무 예뻐서 한참을 바라보았다. 그때 본 패랭이꽃이 아직도 가슴 갈피에 뚜렷이 꽂혀 있다.

여름이면 농사를 지어 거둔 밀을 방앗간에서 빻아 국수를 몇 자루씩이나 만들어 놓고 여름밤이면 항상 국수를 삶아 먹었다. 평상 옆에는 모깃불을 피웠다. 말린 쑥과 왕겨를 주로 태웠는데 피워 놓아도 여기저기 물리는 것은 마찬가지였다. 그래도 모깃불 향이 코에 스치는 여름밤은 너무 좋았다.

국수를 먹고 멍석에 누워 여름 밤하늘을 바라볼 때면 칠흑 같은 밤하늘에 너무나 반짝이는 별들이 쏟아져 내렸다. 아는 별들과 별자리를 더듬어 찾으면서 이건 북두칠성, 저건 오리온자리, 카시오페이아, 저건 큰곰자리…, 차례차례 이름을 외워나갔다.

별들이 떨어질 것 같아 잠시 눈을 감기도 했다. '저 별들이 내 얼굴에 떨어지면?' 하는 무서움에 온몸이 간지러워지며 소름이 돋았다. 어찌나 맑고 밝은 별들이 촘촘한지 시골 밤은 아름다움과 무서움이 공존했다. 내겐 여름밤의 무수한 추억들이 있다.

엄마의 손에는 항상 육 남매를 위한 호미와 괭이가 들려 있었다. 동네에

소문이 날 정도로 억척이었다. 남자 열 몫은 한다는 소문이 들리기도 했다. 그녀의 철옹성 같은 마음으로 우리는 작은 행복을 누리며 살았다.

엄마를 보며 살았고 엄마에게 의지했고 엄마 때문에 해냈다. 내 인생의 모든 근원, 엄마. 그런 그녀가 내일이면 90이 된다. 나를 위해 하우스 두 동을 지은 것을 보니 뜨거운 눈물 속에 자꾸만 가슴이 메인다. 이 책을 나의 엄마에게 가장 먼저 전해드리고 싶다.

| 목 차 |

프롤로그　사랑하는 울 엄마　005

Part 1
꿈을 이루기 위한
유일한 선택, 시작

1. 어린 시절 논두렁의 꿈　017
2. 우연히 소개받은 식당　021
3. 또 다른 터전을 찾아서　028
4. 나만의 식당을 시작하다　033
5. 미련한 아픔들　043
6. 서늘한 주방의 공기　049

Part 2
어두운 터널은
더 붉은 태양을 만나는 통로

1. 꿈의 설계　057
2. 절벽 길에 지어진 희망의 집　064
3. 8억과 바꾼 오만한 신용　070
4. 가족 모두 반대한 목민찬방 개업　079
5. 아들과의 팀워크 시너지　087
6. 바람직한 직원 관리 시스템 갖추기　096
7. 요동치는 마음 보듬기　104

Part 3

미완성의 하루를
남기지 않는 성공 습관

1. 긍정의 위대함 113
2. 성장을 이끄는 에너지 집중 119
3. 집요한 반복의 힘 123
4. 한계를 넘어보자 128
5. 배움만이 살길이다 135
6. 성공을 결정하는 디테일 143
7. 고객의 소리를 경영하라 147
8. 미래의 모습을 상상하라 154
9. 행복을 위한 에너지 충전 160

Part 4

인생에서 지키고
책임져야 할 것들

1. 진심이 전하는 따뜻한 위로 169
2. 지혜로운 동행 173
3. 꽃이 내게 준 선물 179
4. 세 아이의 엄마는 기도 중 185
5. 작은 온기 195
6. 고마운 사람들 200
7. 겨울 끝자락에 매달린 기도 204

에필로그 60에 꿈꾸는 소망 하나 210

Part 1

꿈을 이루기 위한
유일한 선택, 시작

———

사람에겐 한 가지의 꿈만 있는 게 아닌 것 같다.
또 다른 꿈을 꾸고 있다는 것.
살아가면서 꿈이 바뀐다는 것도
그리 나쁘지 않은 것 같다.

1.

어린 시절 논두렁의 꿈

찔레꽃 필 무렵, 하얀 모시 적삼으로 꽃잎, 꽃잎 둘러싸인 그 속에 가늘고도 당당한 노란 수술들. 멀리서 보면 은은하지만 가까이서 보면 아우라가 펼쳐진다. 우리는 친구들과 학교를 마치고 집으로 올 때면 작지만 위풍당당한 이 꽃들이 피기 전, 찔레순을 꺾어 껍질을 벗기고 배고픔을 채우기보다는 심심함을 채우기 위해 먹곤 했다.

초등학교 때 수업을 마치고 집으로 돌아오는 길은 언제나 놀이동산을 다니는 것처럼 재미났다. 작은 문방구에 들러 가끔씩만 먹을 수 있는 작고 단단하고 검은빛을 띤 네모난 갱엿 한 개를 물고 이빨 사이 숨어 있는 단맛까지 빨아먹었다. 단맛만큼이나 달콤했던 유년 시절. 때로는 논두렁 사이사이 올라온 보들보들한 삐삐를 빼서 껍질을 까서 먹었다. 하얗고 연한 살결을 입에 넣으면 보드랍고 연한 단맛이 났다.

우리가 제일 밑에 동네였고, 조금 걷다 보면 윗동네 친구들과 합쳐진다. 그 시간대면 그 넓던 신작로가 비좁게 느껴졌다. 알록달록 작은 병아리들, 짹짹짹, 웅성웅성. 지금 걸으면 십 분 거리인데 그땐 얼마나 멀던지. 먼 길을 친구들과 이야기꽃을 피우면서 다녔다.

여름이 오면,

굽이굽이 펼쳐진 짙은 초록색 바다 논두렁 사잇길을 걸었다. 조금 가면 우리가 물장구칠 냇가가 나온다. 은빛 물결 속 친구들의 하얀 물장구. 비료 푸대를 우끼(튜브) 삼아 얼마나 첨벙거렸던가. 시퍼런 입술 사이로 이빨이 떨려오면 그제야 물 밖으로 나와 땡볕이 데워놓은 돌멩이가 뜨거워 발을 동동거렸다. 물장구로 흠뻑진 옷에서 흘러내리는 물이 뜨거운 돌멩이의 열기를 식혀주면 우리는 자리에 앉았다. 뜨거운 돌멩이의 열기만큼, 하얀 물장구의 개수만큼 우리들의 물장구치는 날들도 많았다.

해 질 녘 동네 작은 운동장은 사다리 타기로 매일 전쟁이었다. 두 줄을 나란히 그어 놓고 잡으려고 하는 사람과 잡히지 않으려고 하는 사람. 얼마나 치열한지 금을 밟았느니 안 밟았느니 하다가 때론 친구 간에 실랑이를 벌이기도 했다. 여기서도 살아야 된다는 마음으로 얼마나 열심히 했는지…. 끝나고 나면 얼굴은 게임의 열기로 불그스레하고 온몸은 땀범벅이었다. 저녁때를 놓쳐 엄마의 눈치를 보며 살그머니 대문을 넘던 기억이 난다.

유년 시절은 하얗고 푸르고 보드라운 은빛 추억이 많았다. 콘크리트 벽 속에서 간간이 뚫고 나오는 유년 시절. 가끔 눈을 감고 생각하면 입가에 미소가 절로 번진다.

나는 공부를 열심히 했고 잘하는 편이었지만 수학은 몹시도 하기 싫었다. 그래서 1등으로 가는 길목은 힘들었다.

책을 좋아해서 『동아전과』를 사는 대신 『현대문학』과 『문학사상』을 샀던 어린 시절의 나. 이외수의 『들개』, 이상의 『날개』, 『어린 왕자』, 『죄와 벌』…. 고전 명작들이 난 좋았다. 왜 작가들은 제도를 싫어하고 자유를 좋아하고 자유를 찾기 위해 항상 고뇌하고 슬픈 비를 맞으며 헤어나지 못하고 뿌연 담배 연기 속에서 밤이 새도록 자유를 찾아 삶을 배회하는 것일까.

나의 작은 마음으로 본 작가들은 우리들의 삶에 용기를 주고 새로운 길을 알려주는 선봉자의 삶을 사는 것 같았다.

때로는 그들을 흉내 내려고 이른 아침, 흔들리는 촛불 아래 함께 흔들리는 내 마음을 몇 자 적어보기도 했다. 그러곤 그렇게 가슴 깊이 접어 넣었던 꿈. 그래도 시집갈 때 제일 많이 챙긴 책 박스. 열 박스가 넘는 책을 바리바리 싸서 혼수와 함께 차에 실었다. 그 많던 책들이 몇 번의 이사로 흔적마저 없어졌다. 책 표지가 바래듯 내 꿈도 퇴색되었다. 현실과 마주하면서 인생의 무게만큼 책도 꿈도 사라져갔나 보다.

사람에겐 한 가지의 꿈만 있는 게 아닌 것 같다. 문득 책꽂이를 바라보니 요리책만 가득하다. 이건 또 다른 꿈을 꾸고 있다는 표시. 살아가면서 꿈이 바뀐다는 것도 그리 나쁘지 않은 것 같다.

꿈이란 것도

때로는 환경에 맞추어 펼쳐지는 것 같다.

짧은 시간 조용히 눈을 감으면 시냇물이 졸졸 흐르는 실개천, 초록빛 바다 논두렁 사잇길로 뛰어다니던 하얀 물장구, 해 질 녘 운동장의 긴 발자국 소리, 굴뚝 너머 피어오르는 하얗고 구수한 밥 내음. 한 편의 영화 같은 평화로운 풍경들.

마지막 남은 한 모금의 커피와 함께 추억을 다시 깊숙이 넘겨본다. 꿈의 향기가 온몸에 번진다.

2.

우연히 소개받은 식당

2002년 1월.

시누이로부터 '목민정'이라는 식당을 소개받게 되었다. 500평 너른 대지에 자리잡은 하얀 2층집. 꽤 멋있었다. 정원과 주차장이 함께 있는 '가든' 형태의 식당이었다.

'내가 여기 주인이 된다고?'

그럴싸했다. 계약도 하기 전이었지만 상상만으로도 나는 흥분되었다.

입구로 들어가면 넓은 주차장을 빙 둘러 즐비한 향나무들이 주인의 재력을 말해주듯 푸르른 기품을 자랑하며 뽐내고 있었다. 오른쪽 실개천 둑으로는 오죽(烏竹)이 스산한 찬 기운을 맞으며 촘촘히 서 있고 앞뒤 곳곳에 나보다 큰 개가 몇 마리 있었다. 주인의 동물 사랑, 나무 사랑이 여실히 드러나고 있었다. 평화롭고 너무 예쁜 집이었다. 마음에 딱 들었다. 이 집 주인이 된다는 건 참 좋은 일인 것 같았다. 내일이라도 당장 영업을 할 수 있는지 물었다. 할 수 있다고 했다. 아이들만 키워봤지 식당을 해본 경험도, 남의 집 일을 해본 적도 한번 없는 내가 이제 겨우 식당만 봤을 뿐인데 당장 영업이라니, 이런 대책 없는 용기가 어디서 나왔을까?

그 집을 인수하는 데까지는 몇 개월 걸렸다. 살던 집도 전세 주고 아이들도 전학을 해야 했고…. 음식 하는 것을 좋아하나 영업을 해본 적은 없어서 일단 주인의 가르침으로 메뉴의 조리 방법 등을 배웠다. 메뉴는 돼지갈비, 삼겹살, 소갈비, 갈빗살이었고 식사로는 된장찌개, 냉면이 있었다.

전세 사천만 원에 권리금 삼천만 원. 생각보다 적은 돈으로 큰 집의 주인이 된다는 것이 마음에 들었다. 그러나 나는 세입자였다. 이런 집의 진짜 주인이 되고 싶기도 했다. 가장 내 마음을 끌었던 것은 아이들을 키우면서 돈을 벌 수 있다는 것이었다. 2층에 주택이 있어서 아이들을 돌보면서 장사를 할 수 있었다. 아마 집과 사업장이 달랐다면 쉽게 결정하지 못했을지도 모른다.

자신만만하게 식당을 열었지만 장사 쪽으로는 전혀 경험이 없던 터라 첫걸음부터 쉽지 않았다. 전 주인이 고기 재는 법, 냉면 반죽하는 법 등을 몇 번 가르쳐 주더니 갑자기 온데간데없이 사라져 버렸다. 나중에 연락해서 물어보면 짜증스럽게 대답하곤 했다. 아마 이미 식당을 넘겼는데 내가 자꾸 귀찮게 한다고 생각했던 것 같다.

다행히 워낙 요리하는 걸 좋아해서 이런 일은 별 어려움이 아니었다. 그런데 이번에는 주방장이 속을 썩였다. 사람이 한결같지 않았다. 일단 주방은 자기 공간이라고 내가 들어가는 것을 싫어했다. 처음 하는 식당이다 보니 주방장이 하지 말라는 것은 하지 않았다. 괜히 심기를 건드려 불편한 공간을 만들기 싫었다. 그리고 아무 경험도 없는 나에게 주방장이 필요했다. 마냥 착한 주인인 양 시키면 시키는 대로 했다.

하지만 점점 심해지는 주방장의 갑질을 더 이상 보고만 있을 수가 없게 되었다. 컨디션이 좋지 않은 날은 결근이었고 그러면 찬모 이모님이랑 나는 이리 뛰고 저리 뛰며 하루를 어떻게 보냈는지 모르게 혼이 빠져야 했다. 그래도 우리는 주방장 기분을 맞추느라 안절부절못했다. 고기 재운 게 떨어지는 날이면 장사를 할 수가 없었다.

하루는 단체 손님 50명이 예약했다. 다음날이 단체 손님 오는 날인데 주방장에게 아무리 전화를 해도 연결할 수 없다는 안내만 울려 퍼졌다. 손님께 어려운 핑계를 대고 예약을 취소했다. 이럴 수는 없었다. 그냥 눈물이 났다.

주방 뒤편 개울가에 앉았다. 뜨거운 눈물은 하염없이 개울 물소리에 겹쳐 흐르고 있었다. 긴 들숨과 거센 날숨으로 나를 지탱하고 있었다. 흐르는 눈물 속에 나는 많은 각오를 세워야 했다. 이러다가는 운영이 힘들겠다는 것을 직감했다. 개울가의 작은 물소리에 한참 눈물을 훔치고서야 정신이 번쩍 들었다.

'이러고 있을 때가 아니다.'

단체 손님의 매출로 직원 한 명 월급을 주려고 계산을 해놓은 상태였다. 주방장 때문에 또 착오가 생겼다. 넉넉하지 못한 형편에 장사를 하다 보니 항상 월급 때 카드 현금서비스를 받기 일쑤였다. 몇 번의 주방장 결근으로 나의 의지는 더욱 굳어졌고 독기는 새파랬다.

주방장이 내가 부엌에 들어가는 것을 싫어해도 나는 들어가서 냉면 뽑는 것을 도와주고 심지어 육절기, 골절기, 고기 뜨는 것까지 섭렵하기 시작했다. 나는 제법 눈썰미와 음식에 대한 감각이 있는지 한번 맛보면 대충 해내곤 했다. 그러기를 3년이 흘렀고 주방장의 근무 태도는 변함이 없었다. 기분이 나쁘면 바가지를 던지는가 하면 내가 좀 잘한다 싶으면 주방에 감도는 무거운 공기에 깔려 죽을 것 같았다. 더 이상 내가 감내하지 못하고 인연을 끊었다.

그때부터 나는 여러 몫을 해내야 했다. 돼지갈비, 소갈비는 직접 포를 떠야 했고 골절기며 육절기를 직접 만져야 했다. 단체 손님이 많은 날이면 남편과 늦은 밤 2~3시까지 포를 떠서 양념을 했고 냉면 반죽을 하고 냉면을 내리기도 하고 내 손이 안 가는 게 없었다. 힘든 건 남편이 많이 도와주었다.

모든 결정은 내가 해야 했고 또한 책임져야 했다. 내 몸속에서 나오는 열정과 근성과 끈기는 나도 놀랄 정도로 넘치고 있었다. 힘은 들었지만 내가 노력해서 뭔가 이루어 내고 바꿀 수 있고 약속을 지킬 수 있다는 것은 나에겐 행복이었다. 그리고 아이들을 키우면서 일을 할 수 있다는 것, 학교에서 아이들이 돌아오면 반가운 얼굴로 맞이할 수 있다는 것, 따뜻하게 밥을 먹이고 어떤 근심이 있는지, 어떤 문제가 있는지 일을 하면서 살필 수 있다는 것은 행운이었다.

그러나 시대의 흐름이라든가 내 힘으로 되지 않는 것들이 있었다. 구제역, 가축 콜레라가 유행한다는 뉴스가 나오면 이후 몇 개월간은 보릿고개였다. 특히나 고깃집은 피해가 컸고 그때부터는 직원들 월급을 맞추지 못하고 나는 카드론까지 돌려막기 해야 하는 아픔이 있었다. 고깃집은 1년에 6개월 장사밖에 되지 않는다는 것을 그때 깨달았다. 처음이라 경험이 없었던 것도 있었고 원래 있던 가게를 인수하다 보니 그 가게의 방식대로 따라갔던 것도 있었다. 그것을 대비하고자 점심 메뉴를 넣긴 했지만 무슨 이유에선지 몰라도 성공하지 못해 안정적인 운영 방안을 찾지 못하고 있었다.

그렇게 6년이란 시간이 흘러갔다. 어느 날 갑자기 집주인이 건물을 팔았다고 알려왔다. 우리에게는 아무 연락도 없었다. 대뜸 3개월이란 시간을 줄 테니 비우라는 것이었다. 권리금은 못 돌려준다고 했다. 이게 무슨 일인가 하고 있는데 엎친 데 덮친 격이라고 남편이 쓰러졌다. 공사 현장에서 땀을 많이 흘렸다고 하더니 새벽에 구토를 하고 몸이 몹시 좋지 않아 혹시 언쳤나 해서 손가락을 따기도 하다가 결국 119를 불러 응급실로 들어갔다. 하늘도 무심하시지, 믿음은 없지만 원망스러웠다. 왜 나에게? 뺨으로 흐르는 눈물은 때론 뜨겁고 때론 시원하기라도 하지만, 남몰래 가슴으로 우는 눈물은 창자가 다 녹아버리는 아픔이었다.

하얀 2층집의 꿈은 6년의 시간으로 막을 내렸다. 남은 건 돌려막기 한 빚과 잃어버린 남편의 건강, 또 다른 터전을 찾아야 하는 막막함이었다. 단, 한 가닥의 희망은 아이들이 잘 크고 있다는 것이었고 6년 동안 다람쥐 쳇바퀴 돌 듯했던 바쁜 걸음들이 나를 더 단단하게 만들어 놓았다는 것이었다.

"가보지 않은 길이었지만
분명 어딘가에 등대가 있으리라
믿고 있었다."

3.

또 다른 터전을 찾아서

남편 병원을 오가며 나의 일상은 더 바빠졌다. 거기다 또 다른 터전을 찾아야 했다. 나를 포함해서 다섯 명이 갈 수 있는 곳이어야 했다. 눈을 감으면 아득하기만 한 일들. 직원 중 제일 큰언니가 자기들 생각하지 말고 형편대로 가게를 얻어도 된다고 했다. 내가 많은 부담감을 가질까 봐 자기들 걱정은 안 해도 된다는 것이었다. 모두 가족과 같은 직원들이었다. 단한 번도 그들을 빼고 이사를 간다는 것은 생각해 본 적이 없었다.

막둥이는 걱정을 하곤 했다. 권리금을 받지 못하고 쫓겨나게 생겼고 전체 자금 사천만 원으로 집과 가게를 구해야 했다. 큰아이는 축구선수가 되기 위해 숙소 생활을 하고 있어 집에 없었다. 두 아이가 잠든 어느 밤, 집밖으로 나왔다. 칠흑 같은 어둠 속 고요하다 못해 시간이 정지된 것 같은 깜깜한 밤이었다. 어둠 속에 갇혀서 본 별빛은 유난히 반짝였다. 반짝이는 별만큼이나 무수한 걱정들.

두 눈을 감고 계속 긴 한숨을 뱉었다. 모든 걱정거리를 뱉어버리고 싶었다. 차곡차곡 쌓여 있는 걱정거리와 해결해야 할 숙제들, 그래도 처리해야 할 일들을 머릿속으로 정리해야만 했다. 입원해 있는 남편을 어떻게 돌볼 것이며, 직원 모두가 갈 수 있는 가게는 어떻게 구할 것이며, 입원한 아버지를 걱정하는 아이들의 걱정을 최대한 덜어주면서 어떻게 보호해야 할 것이며 뒷바라지는 또 어떻게 해야 할 것인지….

나는 두 손을 꽉 끼고 간절히 기도하고 있었다. 도와달라고….

'하느님, 부처님, 계신다면 도와주세요.'

칠흑 같은 까만 밤 창자에서 뿜어지는 뜨거운 눈물은 꽉 낀 두 손에 애절히 흐르고 있었다. 깊은 어둠 속에서 혼자 아파해도 결국 아침은 오고 있었다. 거울을 보니 퉁퉁 부은 눈이 보였다. 행여 아이들이 볼세라 젖은 수건, 얼음 총동원해서 식혔지만 쉽게 가라앉지 않았다.

하지만 어젯밤 긴 아픔을 뱉어버려서인지 나는 또 다른 결의로 차 있었다. 살아내 보기로 마음먹었다. 힘든 일이 생긴다는 것은 나를 조금 아프게 할 뿐이지 나의 희망까지 빼앗아 가진 않는다. 비록 많은 변화가 일어나고 있었지만 그때는 젊었던 터라 열정을 잃을 만큼 나약하진 않았다. 다시 마음을 먹는다는 것은 내게 다가온 두려운 일들을 해결해 보겠다는 의지가 생긴다는 것이었다.

아침의 패턴이 바뀌기 시작했다. 남편 병원에 들러 몇 가지 반찬과 필요한 것을 가져다 놓고 영업시간에는 아무 일 없다는 듯 일을 하고 영업이 끝나면 잠시 다시 남편을 보러 들렀고 직원들이 다 퇴근한 시간이면 차를 타고 몇 군데 새로 가게 할 자리를 둘러보러 다녔다.

우선 네 명의 직원이 함께 갈 만한 곳을 찾아야 했다. 그것이 첫 번째 조건이었다. 두 번째는 주차 공간. 요즘 손님들은 모두 차를 가져오기에 주차 공간을 무시할 수 없었다. 그리고 직원들이 모두 이 동네 사람들이라 멀리 갈 수가 없어 근처의 가게라야 한다는 것이 마지막 조건이었다.

매일 돌다 보니 세 군데로 압축되었다. 그중 한 군데가 딱 마음에 들었는데 밤 9시만 되면 주변이 칠흑같이 깜깜해지고 행인들이라고는 찾아볼 수 없었다. 가게를 조사해 본 결과 직원 한 명과 주인이 영업을 하고 있었다. 그만큼 장사가 안되는 곳이긴 했다. 그리고 동네 번화가보다는 조금 한적한 곳에 자리잡고 있었다. 하지만 주차장이 건물을 빙 둘러 잘 되어 있었고 전세 삼천에 권리금 삼천으로 조건이 좋았다.

직원이 한 명 있는 가게에 네 명이 같이 간다는 것은 모험이었다. 그렇지만 나는 이 가게로 결정했다. 돈도 모자라서 빌리기로 하고 일단 마음의 결정을 내렸다. 직원을 책임지는 것도 사장의 몫이기에 한 치의 망설임도 있을 수 없었다.

이젠 집을 구할 차례였다. 좋은 집은 아니더라도 아이들이 안전하게 있을 수 있는 공간이 필요했다. 투룸이 한 군데 있었는데 새 건물이었다. 깔끔하고 마음에 들었다. 역시 돈이 문제였다. 권리금을 받지 못하니 돈이 많이 모자랐다. 차근차근 생각하기로 했다.

이렇게 마음의 결정을 하고 아침에 콩나물국을 끓여서 직원들과 밥을 먹었다. 식사를 끝내고 차를 마시며 어느 가게를 대충 보고 왔고 결정을 할 것 같고 모두 같이 가면 된다고 했다. 그들도 함께 가기를 간절히 원했다. 그들은 나에게 힘을 주었고 용기를 주었고 내가 해 나갈 수 있게 도와주었다. 일단 계약금을 걸었고 이사 날짜도 정해졌다.

못 받은 권리금 삼천만 원을 구해야 했다. 까만 밤 유리창 너머 비치는 가로등 불빛 사이로 아파트의 불빛들이 은은하게 줄지어 서 있었다. 행복이 넘쳐흐르는 듯 보였다.

어디서 돈을 구할까?

내가 말만 하면 바로 빌려줄 친구도 있었지만 차마 입이 떨어지지 않았다. 이놈의 자존심. 정지되어 있는 불빛. 움직이지 않는 몸짓. 이 고요함 속에 그래도 시간은 소리 내어 째깍인다. 신은 사람에게 꼭 나쁜 일만 주시는 게 아닌 것 같다. 나의 고민이 걱정스러웠는지 주방 큰언니가 넌지시 말을 걸었다.

"돈은 구했나?"

"아뇨. 아직."

"내가 해줄게."

평생을 잊지 못할 이 한마디! 신께서 나를 돕고 있다는 것을 알았다. 나는 밀려 있는 숙제를 하나씩 해결하고 직원들의 도움으로 이사도 잘할 수 있었다.

4.

나만의 식당을 시작하다

사람이 일을 할 수 있는 공간이 있다는 것은 행복한 것이다. 새로 옮긴 자리는 저번 가든처럼 넓은 가게는 아니었지만 그래도 이 동네에서 어느 정도 주차 공간이 확보되어 있었고 테이블도 20개 정도 되었다. 노력하면 직원 네 명과 내가 먹고살기엔 충분할 것 같았다. 이것만으로 행복했다. 직원들은 새로운 터전에 새로운 꿈을 심는 것처럼 쓸고 닦았다. 감사하고 또 감사했다.

간판은 그대로 '목민정.'

이번 목민정은 순수하게 나만의 식당이었다. 지난 6년 동안은 먼젓번 주인이 짜놓은 메뉴에 맞추어 그냥 열심히만 장사를 했다. 이젠 내가 가게를 선택하고 결정하고 계약하고 책임지는 나의 사업이다. 메뉴도 내가 독창적인 아이디어를 내야 했다. 나는 많이 배운 것도 아니고 큰돈이 있는 것도 아니었다. 그래서 내가 제일 잘할 수 있는 건 무엇일까 생각해 보았다. 나누어 주는 것을 좋아하고 나름 품성이 좋은 사람으로 살기를 원했다. 그럼 따뜻한 밥을 해서 손님들께 드리는 건 어떨까?

'그리운 밥상' 콘셉트! 괜찮을 것 같았다. 간판에도 목민정 앞에 '그리운 밥상'을 작게 넣었다. 우리 집의 정체성을 드러내는 아이디어였다.

어머님이 차려주신 따뜻한 밥상. 허기진 가슴에 따뜻한 한 끼 밥으로 다시 기운 낼 수 있는 밥상. 나는 이것을 잘할 것 같았다. 그래서 삼겹살, 갈비 메뉴를 그대로 하면서 점심 메뉴로 돌솥밥을 넣었다.

6년 동안 해오면서 점심 메뉴를 넣지 못한 게 매출을 올리지 못한 요인이라는 판단도 한몫했다. 아무 경험도 없이 식당을 인수해서 중간에 메뉴를 넣기도 힘들었다. 넣는다고 해도 홍보 비용이라든가 마케팅 역량 자체가 부족해서 제대로 알릴 수가 없었다.

그래서 여기서는 돌솥밥 구성을 점심 메뉴에 넣었다. 밥은 누구나 언제 어디서나 먹고 싶어 할 것 같았다. 13가지 반찬에 돌솥밥, 된장찌개까지 해서 6천 원. 직원들은 마치 자기 일인 양 즐겁게 혼신을 다해 주었다. 돌솥밥 100그릇 팔던 날, 우리는 환호를 질렀다. 그렇게 차츰 고기 찾는 사람보다 밥을 찾는 손님이 많아지면서 목민정은 밥집으로 변해가고 있었다.

'그리운 밥상 목민정' 시절

13가지 반찬에는 나의 모든 사랑과 열정이 들어갔다. 매일 연구하고 조리하고 때론 짧은 머리로 영양까지 계산하면서 손님들에게 **따뜻한 밥 한 끼** 대접한다는 건 정말 행복한 일이었다. 열무김치, 갓김치, 알타리김치는 손님들이 즐겨 찾는 메뉴가 되었다.

품질과 가성비를 골고루 높이고 싶었고 고객들의 입맛을 충족시키고 싶었다. 그리고 늘어나는 현대인들의 패스트푸드 식사 대신 한 끼라도 따뜻한 밥으로 먹이고 싶었다. 아니, 꼭 먹여야 한다고 생각했다.

나만의 식단은 손님들이 즐겨 찾아 주었지만 돈은 되지 않았다. 한식이란 게 하나부터 열까지 손발이 필요한 음식이다. 썰고 다듬고 데치고 굽고… 힘든 작업이다. 게다가 무거운 돌솥까지 들고 나르고 치우고 설거지하는 것도 보통 일이 아니었다. 그런데 100그릇을 팔면 육십만 원이었다. 이렇게 힘들게 해서 남지 않는다는 것도 현실적으로 맞지 않았다.

장사란?
손님도 만족하고
직원도 만족하고
주인도 만족해야 한다.

새 목민정에서의 돌솥밥은 손님에게는 대만족이었다. 하지만 돈이 되지 않아 주인과 직원이 만족하지 못했다. 아이디어가 필요했다. 내가 생각한 그리운 밥상을 완전히 구성하기 위해서는 뭔가가 더 필요했다. 손님도 만족하면서 매출액도 늘어나는 게 뭐가 있을까? 나는 또 고민에 빠지기 시작했다.

그러던 중 작은아들 녀석이 해양대학에 입학하게 되었다. 부산 영도에 있는 해양대학에 들여보내 놓고 왠지 쓸쓸해 보이는 영도 바다를 보고 돌아오던 날, 남편은 자갈치시장에 가서 밥이나 먹고 가자 했다. 마침 들어간 곳이 생선구이 골목이었다. 즐비하게 늘어선 생선구이 집들. 순간 자식 혼자 남겨놓고 온 안타까움이 사라지면서 눈이 번쩍 뜨였다.

"이거다!"

돌솥밥과 생선구이.

머릿속엔 이 새로운 메뉴 생각으로 가득 차 있었다. 남포동 자갈치시장 생선구이 집 사장님은 생선을 계속 구우면서 차곡차곡 쌓아두었다. 손님이 오면 바로 주려고 그러는지 밖에서 그리 크지 않은 철판 팬에 계속 구우면서 손님은 안으로 안내했다. 나의 눈은 매섭게 움직였다. 어떻게 굽는지, 어떻게 보관하는지. 드디어 음식이 나왔다. 짭조름하고 기름진 생선구이가 맛있고 밥도둑 같았다. 이미 메뉴를 마음속으로 결정했다. 생선구이를 먹으면서 얼마나 가슴이 설렜는지….

생선은 어떻게 구입할까?

어떻게 구울까?

얼마를 받을까?

잘할 수 있을까?

집으로 돌아오자마자 당장 그릴을 주문하고 조급한 마음에 벌써 메뉴판을 작성했다.

'돌솥밥과 생선구이 – 10,000원'

이 금액에 생선을 맞추기로 결정했다. 조기, 갈치, 고등어…. 도매업체를 정하고 생선이 준비되고 주문을 받고 그릴에 생선을 구웠다. 설레고 두근거리는 마음. 주문은 계속 들어오는데 생선은 생각보다 늦게 구워졌다. 생선의 기름도 쫙 빼주고 바싹 구워져 맛은 담백하고 좋은데 속도가 주문을 따라내지 못했다. 손님들은 아우성이었다.

"밥 언제 줄 겁니까!"

"빨리 먹고 사무실 들어가야 되는데…."

어떤 테이블은 생선이 나가지 못한 상태에서 밥만 먹고 나가버리기도 했다. 점심시간에 손님들은 식사를 빨리 하고 다시 생활 전선으로 돌아가야 한다. 당연히 신속한 속도로 나와야 손님들이 좋아한다. 결국 주문에 따라 내지 못하는 애물단지 생선구이가 되었다. 난감했다. 워낙 가게에만 있었던 터라 정보가 부족했다. 뭔가 또 대책을 세워야 했다. 빠르면서도 맛있게!

없는 시간을 내어 큰 주방 그릇 가게 몇 군데를 둘러봤다. 생선을 구울 수 있는 팬이 있을지…. 몇 군데를 둘러보니 마침 내가 찾던 커다란 주물 팬이 있었다. 이거다 싶었다. 1미터 50센티미터 정도.

이 주물 팬으로 결정함과 동시에 그 규격에 맞추어 업소용 가스레인지도 같이 제작해서 넣었다. '분명 이건 성공한다!'

강한 확신이 느껴졌다.

아니나 다를까 이전 그릴과는 다르게 빠른 속도로 많이 구워낼 수 있었다. 손님들 시간에 맞추어 빠르게 점심 식사를 해결해 주었다. 손님들은 만족했다.

바쁜 손님들 시간에 맞춰 식사를 할 수 있게 하는 것은 기술이다. 손님이 들어오면서 주문과 동시에 10분 안에 메뉴가 나갈 수 있게 준비했다. 바쁜 손님들은 무척 좋아했다. 직원들이 얼마나 빠르게 척척 잘하던지 다른 곳에서 우리 식당에 벤치마킹을 올 정도였다.

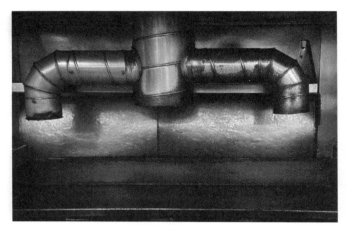

생선 굽는 속도 문제를 해결한 주물 팬

생선구이로 차린 따뜻한 한 상

그 후로도 나는 몇 가지 메뉴를 더 만들었다. 내 가족이 먹는다는 마음으로 영양도 챙기면서, 때론 밥상의 색상도 맞춰가면서 손님들의 요구에 딱 맞춘 따뜻한 밥상을 내놓았다. 폭발적이었다. 웨이팅 75팀까지…. 주말이면 정말 전쟁 같았다. 돈을 버는 것도 좋았지만 우리 음식을 먹기 위해 땡볕 아래 기다리는 손님을 생각하면 더 맛있게, 더 영양가 있게 해드리고 싶었다. 목민정은 그렇게 하루하루 손님이 늘어나고 있었다.

빈자리 없이 손님으로 가득 찬 식당

5.

미련한 아픔들

'어, 왜 이러지?'

그날은 어지럽고 자꾸 주저앉게 되고 힘이 없었다. 머리는 빙빙 돌았다.

'일은 해야 하는데 어떡하지.'

　그런 상태로 일을 시작했다. 바쁜 시간 정신없이 한참 일을 하다가도 갑자기 어지러웠다. 잠시 쉬었다 다시 일을 이어갔다. 몸은 더 안 좋아져서 도저히 서 있을 수 없는 시간이 점점 많아졌다. 쉬어야겠다고 생각은 했다. 그러나 장사를 안 할 수는 없었다. 하루가 멀다 하고 돌아오는 월급과 거래처 결제 그리고 각종 공과금과 세금 낼 날짜들, 거기다 아이들의 뒷바라지도 해야 하는데…. 쉴 수가 없었다. 아니 쉬어서는 안 되었다.

괜찮겠지 하다가 시간이 흘렀다. 몸 상태는 좋아지지 않았다. 오히려 더 안 좋아졌다. 이대로는 도저히 안 되겠다 싶어 병원에 가기로 결심을 했다. 그런데 가는 날이 장날이라고 온 나라에 메르스 감염자가 생겨 비상이 걸렸다. 메르스 의심 환자와 확정 판정을 받은 환자 모두 각각 격리시키고 응급실을 폐쇄하고 그야말로 난리였다.

어지러운 것 고쳐보겠다고 병원에 갔다가 혹시 메르스에 감염되기라도 하면 격리되어 혼자서 죽을 수도 있겠다 싶었다. 모처럼 병원 갈 결정을 했는데 어쩔 수 없이 포기해야 했다.

병원에 가지 못하게 되자 남편은 걱정이 되었는지 온갖 면역력을 높이는 약을 구해왔다. 면역이 안 좋아진 건지, 몸이 허해진 건지 정확한 증상도 몰랐지만 무조건 좋다는 약을 먹었다. 남편의 정성을 봐서라도 좀 나아지면 좋았으련만 아무 소용이 없었다.

그러면서도 일은 계속했다. 손님 메뉴를 내주다가 몇 차례나 주저앉기를 거듭하고 도저히 안 되겠다 싶으면 아예 조금 앉았다가 다시 메뉴를 내고 그러기를 반복했다. 이러다가는 정말 죽을 것 같다는 생각에 메르스가 조금 잠잠한 틈을 타 병원을 방문했다. 내 말을 듣고 이런저런 검사를 했다. 빈혈 수치가 '4'라고 했다. 정상 범위는 '13'이라고 한다.

"이런 상태로 도대체 어떻게 일을 했어요?"

의사 선생님께서 깜짝 놀라셨다.

내가 주저앉으면 가게도 주저앉는다는 생각으로 이를 악물고 했던 것 같다. 몇 달 전 과로로 하혈을 한 달 정도 했던 게 문제가 되었던 것 같았다. 병원 문을 나서는데 왜 그리 눈물이 나던지…. 마침 비가 오는 바람에 우산을 쓸 수 있어서 지나가는 사람들에게 들키진 않았지만 마음에서 내리는 슬픔까지는 숨길 수 없었다. 우산으로 얼굴을 가리고 슬픈 빗속으로 계속 걸었다. 한참을 걸으면서 울다 보니 마음이 차분해졌다. 빗속에 슬픈 마음을 씻고 다시 일상으로 돌아갈 마음을 가다듬어야 했다. 병원에서 처방받은 약을 먹고 나니 파랗게 갠 하늘이 눈에 들어왔다.

나는 참 미련한 사람이다. 하혈을 하면서 빈혈이 왔고 빈혈이 오면서 몸의 면역체계가 무너져 엉망이 되었던 모양이다. 면역체계가 무너져 있는 상태에서 거래처 사장님이 사 온 호떡을 한 개 먹고 밀가루 알러지에 덜컥 걸렸다. 나는 밀가루를 엄청 좋아해서 국수, 스파게티도 잘 먹고 아침에도 라면을 먹을 정도였다. 그런 내가 조금의 밀가루 때문에 알러지가 일어나다니. 알러지가 별것 아닌 것 같아도 생각보다 심각했다. 기도를 붓게 해서 숨구멍이 막히면 사망에까지 이르는 무서운 병이다.

한번은 나도 모르게 밀가루를 먹었는지 알러지가 올라와 가까운 병원을 찾았다. 의사 선생님께서 주사를 놓는데 내가 기절을 한 모양이다. 흔들어도 의식이 없으니 앰뷸런스에 나를 싣고 의사 선생님이 동행해 종합병원을 찾았다고 한다.

희미한 기억 사이로 의사 선생님들이 뛰어다니고 주렁주렁 달린 링거병이랑 주사기 등의 모습이 보였다. 급박하고 심각했던 순간들. 간간이 남편의 목소리도 들렸다. 의사 선생님이 앰뷸런스 타고 오면서 내 핸드폰을 뒤져서 남편에게 연락했던 모양이다. 만만하게 볼 수도 있는 밀가루 알러지는 그 정도로 무서운 병이었다.

남편 차를 타고 퇴원하는 길, 도로를 따라 들어오는 따사로운 햇살이 나를 반겨주었다. 푸르른 나무 잎사귀, 청명한 하늘, 세상은 또 다른 아름다움들로 가득 차 있었다. 나는 아무 일 없다는 듯 가게에 내려 일을 하려 했다가 화난 남편의 얼굴을 보고 그날은 가게 가는 걸 포기했다. 그 정도로 장사에 미쳐 있었다.

내 몸의 이상 증세는 그것으로 끝이 아니었다. 일상이 언제나 그래서 숙명이라 생각도 하지만 직원들 관리도 해야 하고 늘 선택하고 결정을 내려야 하는 입장이라 정신적 스트레스가 심각한 지경이었다. 육체적 힘겨움 속에 쉬지 못해서인지 이명이 심해 다시 병원을 찾게 되었다.

병원 진단으로는 응급상황이라 했다. 돌발성 난청까지 왔다며 의사 선생님께서 당장 입원을 권유하셨다. 덜컥 겁이 났다. 병원만 오면 응급이라니…. 내가 망가지고 망가져서 회복이 안 되는 단계일까?

마침 다음 날이 토, 일요일 주말이라 알겠노라고 말하고 주말 장사를 하고 월요일에 입원해야지 생각하면서 돌아왔다. 주말은 너무 바빠서 도저히 시간을 뺄 수가 없었다. 그런데 선생님의 입원 권유를 뿌리친 나는 엄청난 대가를 치러야 했다. 월요일 입원을 했을 때는 이미 청력이 많이 손상된 상태였다. 온갖 치료를 다했지만 더 이상의 호전은 없다며 몇 주 후 퇴원을 권했다.

왼쪽 청력을 잃으면서 나는 불안하기 시작했다. 직원들과의 소통은 어떻게 해야 할지…. 왼쪽 먼 곳에서 직원이 말하면 정확히 알아듣지 못하는 일이 생겼다. 몇 번 반복적으로 그러다 보니 불안이 불안을 낳았다. 불안 증세가 심해져서일까 급기야 폐쇄공포증이라는 병명까지 달게 되었다. 터널을 지나면 온몸이 굳고 마비가 왔다. 두려운 나머지 마음까지 나약해진 것 같았다. 많은 약을 먹고 여러 번의 상담과 숱한 시간을 들이고 마음까지 비우고서야 빈혈과 폐쇄공포증을 떨칠 수 있었다.

나는 내가 무척 강인하고 단단한 사람인 줄 알았다. 쉬이 다치지 않는 마음을 가진 사람이라 생각했는데 단단한 척, 강인한 척하면서 살았던 것 같다. 쉼 없이 뛰는 게 잘사는 거라 착각했나 보다.

이렇게 살지 않으면

지금 이 지점에 도착하지 못했겠지.

하루라도 열심히 뛰지 않으면 불안했던 그 시간들…

그래, 충분히 잘했다.

이젠

무작정 뛰는 것에 익숙해하지 말고

어색해도 잠시 나를 보듬고

위로하고 아끼며 천천히 천천히

쉼을 몸에 익혀보려 한다.

다시 봄이 오고 꽃이 피듯

버티는 오늘이 아니라 내일을 향한 오늘이 되길 기원하며

후반부 인생은 쉼을 사랑해 보려 한다.

6.

서늘한 주방의 공기

손님을 기다리며 씻고 데치고 무치고 볶고 튀기며 각자의 자리에서 우리는 연이어질 일들에 만반의 준비를 한다.

나도 머리엔 두건을 두르고 흐르는 땀을 닦을 수건도 목에 걸고 면장갑 위에 고무장갑까지 단단히 끼고 주방으로 향한다. 커피 한잔으로 에너지를 충전하고 주방에 발을 들이는 순간 이미 하루의 톱니바퀴에 맞물려 빠른 손발의 움직임으로 돌고 있다. 환풍기의 큰 소리만큼이나 직원들의 목소리도 우렁차다.

찬을 차리고 돌솥밥을 올리고 달구어진 커다란 팬에 연이어 구워지는 생선들.

즐비하게 올려놓은 된장찌개, 청국장 뚝배기의 행렬.

"견디면서 채워지는 단단함은
쉽게 무너지지 않는다."

손님을 기다리는 마음으로 빨갛게 불꽃을 피운다. 40개의 화구에서 일제히 뿜어지는 열기. 얼굴을 익히다 못해 속옷까지 완전히 적셔 놓는다. 흘리는 땀만큼이나 손님을 맞이하는 마음도 간절하다.

화장실도 가지 못할 정도로 주방과 테이블은 빈틈없이 돌아간다. 오늘도 각자 주어진 일을 완수하지 못하면 안 되기에 직원들은 꾹 다문 입술로 결의를 보여준다.

"휴~" 힘겨움에 절로 토해지는 소리.

왁자지껄 한차례 손님들이 밀물처럼 빠지고 나면 나갔던 메뉴만큼 들어오는 빈 그릇들. 집게로 집어 올린 그릇과 찬의 개수만큼 손아귀의 힘이 풀어진다. 잠시 쉴 틈도 없이 어느새 홀은 다시 손님들로 꽉 차 있다. 전쟁이다. 전쟁.

"혜숙아!"

내 이름을 부르는 친구의 다정한 목소리.

"밥 먹으러 왔어."

친구는 나를 보고 반가운 눈빛 속에 안쓰러움의 마음도 함께 보내곤 했다.

화장을 하고 예쁘게 차려입은 친구의 모습. 목엔 하얀 수건을 두르고 앞치마엔 일한 만큼 꾀죄죄함이 덕지덕지 묻어 있고 화구에 달구어져 벌게

진 내 얼굴은 친구의 뽀얀 낯빛과 완전 대조적이다. 부끄러운 일이 아닌데도 보여주고 싶지 않은 순간들…. 왠지 참아내야 하는 상한 자존심이 살짝 콧날을 스친다.

그렇게 정신없고 요란한 점심시간이 끝날 때쯤이면 날카로운 냄비 소리가 어김없이 귓전을 때린다. 온 주방으로 번져나가는 누군가의 싸한 기분. 쳐다보기도 무섭다. 40개의 화구 열기마저 덮칠 기세로 엄습해 오는 무거운 공기. 두 눈을 질끈 감아 보지만 귀로 더 생생히 들려오는 목소리들. 머리가 멍해진다.

10년이 넘게 한솥밥을 먹은 직원들. 참 고맙고 감사한 사람들, 가족이다. 그런데 99% 감사한 마음을 1%의 이 순간이 녹여버린다. 냄비의 큰 소리만큼이나 올라오는 두려운 마음. 긴 한숨을 쉬고 받아들일 준비를 한다. 10년 넘게 함께 부대끼다 보니 너무 허물없어진 탓일까. 서로를 아끼면서도 이토록 날을 세운다. 서로가 옳다고, 아니 내가 더 세다고. 이 작은 주방에도 이런 그림이 그려지고 있었다.

좋은 사장이 되려면 어떻게 해야 할까. 아끼고 사랑하는 목민정 식구를 잘 이끌어가려면 어떻게 해야 할까. 고민에 빠진다. 시스템을 완전히 구비하지 못하고 넉넉하지 못한 내 지금 사정이 가장 큰 이유 아닐까. 오늘도 그들 앞에서 침묵할 수밖에 없는 나 자신이 초라했다.

한두 명만 **빠져도 위태위태해지는** 모래성 같은 주방. 성공으로 가는 길 위에 이 부분이 제일 힘들었다. 상황에 흔들리지 않고 사장으로서 나의 원칙을 당당하게 세워가고 싶었지만 침묵으로 또 침묵으로 일관해 온 나의 모습. 어리석은 참음으로 견딜 수밖에 없는 안타까움. 그럴 때마다 터져버릴 것 같은 심장을 부여잡느라 온갖 인내를 짜내야 했다. 보이지 않는 소중한 것을 지키기 위해 온몸에 부딪히는 삶의 무게를 견뎌야 했다. 힘을 키워야 했다. 힘이 부족하다는 건 참 슬픈 일이다.

하지만 조금 슬픈 일이지 무너지는 것은 아니다. 지금까지 그래왔듯 또 견디며 나가면 된다. 힘은 들지만 그 힘듦마저 나의 튼튼한 근육이 되리라 믿고….

창문 사이로 넘실거리는

작은 햇살을 받으며 언젠가는 봄이 오듯

우리 주방에도 시스템을 도입하고

넉넉하게 인원을 채우고,

그들을 좀 더 만족시켜 준다면,

나의 자존심에도 살짝 꽃이 피고

직원들의 웃음소리가 주방을 가득 채우게 되겠지.

목민정을 처음 시작할 때 꾸었던 부푼 꿈처럼….

Part 2

어두운 터널은
더 붉은 태양을 만나는 통로

———

세상에 못 할 것은 없어.
이 시련이 힘들고 아팠지만
분명 나를 더욱더 큰 사람으로 만들려고 하는 과정일 거야.
잘하고 있어!

1.

꿈의 설계

A사는 준공 검사가 끝나면 건너간 돈을 돌려준다고 했기에 나는 가게 지을 자리를 보러 다녔다. 이번 기회가 아니면 가게를 지을 수 없다는 생각이 들어 부동산 몇 군데를 매일같이 다녔다. 마음에 썩 와닿는 건물은 없었다. 가게와 가까운 부동산이 있어 사장님께 나의 생각을 이야기했다.

건물 위치는 이 동네를 벗어나지 않아야 했다. 직원들이 모두 이 동네에서 살고 있었기 때문이다. 다른 번화가로 이사를 한다는 것은 상상하기 어려웠다. 나만 잘살자고 훌훌 떠날 수도 없는 노릇이었다. 일단 이 동네로 정하고 부동산 사장님과 매물을 확인했다.

마침 우리 가게에서 300m 정도 떨어진 곳에 서로 붙어있는 집 두 채가 나와 있다고 했다. 한 채는 대로변, 한 채는 뒷골목에 있는 집이었다. 대로

변에는 두 집이 있었는데 그중 왼쪽 집이 나와 있었고 그 집과 뒷집을 연결하면 구조가 좀 이상하게 나왔다. 대로변 집 두 채와 뒷집까지 모두 연결되어야 건물 모양이 제대로 나올 것 같았다. 그러면 대로변 집 두 채를 다 사들여야 한다는 결론이었다.

나는 뒷집부터 소개해 달라고 했다. 뒷집 주인은 여자분이었다. 부동산에서 만난 그녀는 머리 위에 선글라스를 얹고 깃을 세운 옷매무새와 꼬아 앉은 다리 모양으로 봐서 부동산 거래를 많이 해본 것 같았다. 당당했다. 일을 하다 뛰어와 초라한 내 모습과 비교되었다.

그녀는 그 집을 산 이유와 팔아야 하는 사연을 알려주었다. 원래 빌라를 지으려고 했는데 앞집하고 거래가 잘되지 않았다고 한다. 지금 이쪽은 맞은편에 아파트 단지가 크게 들어서는 바람에 땅값이 두 배나 올라 구매한다는 게 쉽지가 않다는 것이었다. 그래서 팔기로 했다며 집을 내놓은 이유를 나에게 설명했다. 첫 만남에서는 거래가 성립되지 않았다.

두 번째 만나는 날.
나는 조건에 좀 맞지는 않았지만 덜컥 계약을 했다. 일단 계약을 해야 다음 일을 진행할 수 있을 것 같았기 때문이다. 단, 조건을 걸었다. 대로변 집 두 채가 계약되지 않으면 거래를 취소해 주는 조건이었다. 그녀는 나에게 그렇게 하겠노라고 각서를 써 주었다. 나는 벌써 계약금을 통장으로 송

금하고 현금영수증을 받은 상태로 부동산을 나서고 있었다.

두려움 속의 이 성취감은 무엇일까?

그 뒤로 나는 대로변 앞집 두 채를 사기 위해 출근할 때나 퇴근할 때면 그 집 앞에 차를 세우고 기도했다. 계약할 수 있게 도와달라고 간절히 두 손을 모으고 있었다. 너무 절실했기에 기회를 놓칠 수가 없었다. 혹시나 거래가 되지 않으면 어쩌나 하는 두려움이 내면에 잠재되어 있었던 것도 사실이다. 하지만 이미 잘될 것이라고 믿고 있는 나를 발견했다. 물론 자금이 좀 문제가 되긴 했지만 눈을 감고 세밀하게 분석해 보면 해낼 수 있을 것 같았다.

그렇다고 너무 대책 없이 일을 저지르진 않았다. A사에 건너간 돈이 적지 않았기에 A사에서 받기만 하면 아무런 문제가 없었다. 설령 다 받지 못한다고 해도 대출을 받고 그래도 모자라면 지인이 빌려주기로 약속을 한 상태였다.

계약도 다 되지 않은 상태인데 나의 머릿속엔 온통 건물 지을 그림으로 가득 차 있었다. 머릿속에 꽉 찬 생각만큼 나는 자신이 있었다.

세 채의 집을 구매해서 직원들이 편리하게 사용할 수 있도록 설계를 하고 긴 시간 근무하는 직원들을 위해 짧은 시간이라도 휴식할 수 있는 공간을 마련해 주고 손님들께서도 기다리지 않게 테이블도 좀 더 많이 넣고 오

건물을 짓기 전 현재 목민정 자리

신축을 위해 기존 건물을 허문 현재 목민정 터

래된 직원들, 함께 고생하는 직원들에게 평생직장이 될 수 있게 반찬가게도 넣고…. 이리저리 머릿속 설계는 매일 바뀌기도 하고 업그레이드되기도 했다. 때로는 구체적으로 그림을 그리기도 했다.

대로변 왼쪽 집은 가격은 높았지만 쉽게 계약이 되었다. 그렇지만 계약금은 최대한 적게 넣었다. 혹시 옆집이 계약되지 않는다면 손해를 최소화해야 하기 때문이었다.

한 번에 집 세 채를 연결해서 구매한다는 게 쉬운 일은 아니었다. 나는 모험이 없으면 큰 그림도 없다고 생각했다. 그리고 운도 따라야 한다고 생각한다. 느낌에 운은 따라올 것 같았다. 아직 내놓지도 않은 오른쪽 할머니 집이 문제였다. 할머니는 팔고 싶지 않다고 강력하게 말했다. 난감했다.

나는 할머니를 만나야겠다며 부동산을 계속 찾아갔다. 부동산 사장님도 마음이 조급해서인지 불만 켜지면 할머니와 좀 친해져 볼 요량으로 찾아가서 이런 이야기, 저런 이야기를 했다고 한다. 할머니를 겨우 설득해서 집을 방문할 수 있었다. 음료수 박스를 할머니께 드리고 우린 방에 앉았다.

몇십 년이 되었는지 곳곳이 손볼 곳이었으며 할머니 혼자 계시는 방은 썰렁하다 못해 마음이 아플 정도였다. 나한테 팔고 조금 더 편리한 곳으로 이사를 가시는 게 좋을 듯했다. 나의 바람과는 다르게 그날은 할머니의 냉랭한 말투에 그냥 돌아올 수밖에 없었다. 그 속에서도 나는 계약의 가능성을 몸으로 느끼고 있었다. 매일 그곳에 차를 세우고 계약이 이루어지기를 기도하고 또 기도했다.

할머니를 세 번째 만났다. 할머니는 집값을 높게 불렀다. 나는 너무 높다고 말했지만 속으로는 쾌재를 불렀다. 높은 가격을 말한다는 건 팔 의향이 있다는 뜻이니 말이다. 흥정이 시작된 것을 의미했다. 할머니와의 줄다리기는 팽팽했다.

내가 그리는 그림은 할머니 집을 꼭 사야 완성되는 것이었다. 물론 예상치 못한 일이 일어나기도 하겠지만 이 기회를 놓치고 싶지 않았다. 모든게 다 계획대로 되는 건 아니지만 상상하는 것을 현실로 만들고 싶었다. 20년을 열심히 뛰면서 스케치해 놓은 그림이었다. 난 할 수 있을 것 같았고 나에게 용기를 주고 싶었다. 하루도 쉬지 않고 차근차근 스케치했던 그 그림을 현실 속에서 완성하고 싶었다.

네 번째로 할머니를 만났다. 부동산이 주선해서 할머니 집에서 만났다. 나는 그날은 기필코 결실을 맺어야겠다고 마음먹었다. 할머니께서는 여전히 높은 가격을 말했지만 오히려 내가 더 단호하게 말했다.

"할머니, 오늘 계약하지 않으면 다른 데 가게를 계약할 겁니다. 그러니 조정해 주세요."

할머니의 표정은 여전히 냉랭했다.

따라간 지인이 "저쪽 게 더 좋아 보이던데 저쪽 물건을 계약하는 게 어때?"라고 했다.

"그럴까?"

우리의 작전은 맞아떨어졌다. 그렇게 할머니와의 계약 전쟁은 끝나고 나는 바로 높은 계약금을 통장으로 보냈다.

마지막 세 번째 집을 계약하고 돌아오는 길에 가슴이 벅찼다. 너무 간절했기에 조금 두렵기도 했다. 지인들은 너무 비싸게 샀다고 다들 난리였다. 하지만 그렇게 하지 않으면 세 채를 한 번에 계약하기가 쉽지 않았다. 그리고 세 집을 몰래몰래 계약한다는 것도 쉬운 일도 아니었고…. 비싸게 측정되었지만 그만큼 많은 매출을 올릴 자신이 있었다.

이렇게 나의 꿈에 대한 스케치는 끝났다.

2.

절벽 길에 지어진 희망의 집

세 집과 성공적으로 계약을 잘 성사시킨 상태에서 갑자기 다가온 두려움은 매우 컸다. A사에서 원하는 만큼 돈이 잘 나오지 않은 것이다. 계약한 금액의 삼분의 일도 나오지 않았다. 가슴이 턱 막히며 막막했다. 그 자신만만하던 나도 중도금과 잔금 치를 날이 첩첩산중으로 다가오자 매우 힘들었다. 대출과 지인의 힘을 빌려 겨우 중도금과 잔금을 치를 수 있었다.

A사는 대신 책임지고 집을 지어 주기로 했다. 건설회사와 시행사를 가지고 있었기 때문에 믿었다. 그런데 그마저 그토록 험난한 길이 될 줄은 미처 알지 못했다. 계약 이후에는 뜻대로 되는 것이 없는 것 같았다.

집을 짓는 과정에서 A사는 복합상가 분양이 되지 않아 힘들어했다. 창원에는 원래 미분양 상가가 별로 없었는데 그해는 전국의 경기 침체 탓인지 분양이 잘되지 않았다. 게다가 A사는 서로의 의견 차이로 지인들과 법정 싸움을 하고 있어 분위기가 최악이었다. 나는 순간순간 그들의 파경이 예감되었다. 그럴 때마다 두렵고 힘들었다. 정신을 차리지 않으면 낭떠러지로 떨어질 수도 있다는 불안감 속에서 하루하루를 초 다툼으로 모든 신경 세포의 날을 바싹 세운 채 보내야 했다.

돈을 갚는 대신 집을 지어 주겠다고 한 A사는 처음 밑바닥 공사는 잘 진행해 나갔다. 철근을 깔고 세우고 콘크리트를 치고 골조를 세우고 기초 작업을 나름 탄탄하게 진행했다. 남편의 지시하에 제법 철근이 탄탄하게 들어갔다. 남편은 철근을 2배로 넣었으니 집이 단단할 거라고 했다. 돈은 받지 못했어도 다시 희망이 솟아올랐다. 그러나 기쁨도 잠시.

집을 지어 주겠다던 A사는 밑바닥 공사와 골조와 철근 공사까지는 잘 완료했으나 그 후로 회사가 힘들어 더 이상 해 주지를 못했다. 철근 인부들 노무비를 주지 못하자 근로자 단체는 건물 앞에서 꽹과리를 치며 소란을 피우겠다고 나에게 협박까지 하는 상황이었다. 건설회사와 계약을 맺었어도 건설회사가 지급하지 못하면 마지막 책임은 집주인에게 있다는 것이 이유였다. 법이 그렇다고 했다.

우려했던 일들이 현실로 부딪혀 오니 불안감은 더욱 가슴을 조여왔다. 내 보험 대출에 동생 보험 대출까지 해서 간신히 무마했다. 중도 포기란 정말 낭떠러지로 떨어지는 것이었다. 두려운데 두려워할 수가 없었다. 그러면 내가 무너져 버릴 것 같았다. 그래도 신용이 있었던지 모두들 도와주었다.

신용이란,

몇십 년을 지키면서 쌓아 놓다 보면 한 번쯤은 나를 절벽에서 구해주는 것 같다.

그래서 잘 간직해야 한다.

처음엔 근사한 디자인으로 멋있게 짓자던 남편도 형편이 어렵게 되니 점점 말이 없어졌다. 멋진 집보다는 완성된 집이 목적이 되었다. 완공되지 못하면 일어날 일들에 대해서 생각하니 끔찍했다. 길거리에 나앉을 뿐 아니라 지인들에게 빌린 돈 또한 주지 못한다면? 내가 의도하지 않았어도 나의 인생이 낭떠러지로 떨어지게 되어 있었다. 사업을 하다가 금전적으로 힘들어 희망을 놓았다는 방송을 접하는 적이 있는데 그게 내 현실에 맞물릴 줄 몰랐다.

경비가 부족하다 보니 모든 가족이 총동원되었다. 조명을 만들어 직접 달기도 하고 테이블도 나무와 다리를 직접 조립해서 만들어 2층까지 올리고 블라인드며 방충망도 공장에서 제작을 해와 직접 두 아들과 남편이 밤을 새워 작업을 했다. 가족들이 아니었다면 완공이 되지 못했을 것이다.

열정과 현실이 맞물려야 하는데 나의 의도와 다르게 내 인생이 나락으로 떨어질 때가 있다. 그 속에는 분명 나의 실수가 있다. 사람을 믿은 대가를 힘들게 치르면서 나는 어렵게 어렵게 집을 짓고 있었다. 다시 수정해서 고쳐야 할 부분들이 있을까 봐 더 자세히 보기조차 두려웠다. 인테리어는 한낱 사치에 불과했다. 완공시켜 장사만 할 수 있다면… 하고 간절히 기도하고 있었다.

땅을 구매하면서 마음으로 수없이 설계했던 그림들.

직원들이 좀 쉴 수 있게 커다란 방을 만들고 전처리실과 주방과 냉장고의 위치가 잘 연결되어 편리한 작업 동선으로 최적의 요리 환경을 만들고 싶었던 것은 꿈의 설계로 남아버렸다. 절벽 위에서라도 이 집을 꼭 완성하는 것이 급선무였다.

A사에 건너간 돈 때문에 힘들어도 완성하기만 하면 장사를 해서 갚을 능력이 내겐 있다고 생각했다. 절박하지만 포기하면 안 되었다. 해결해야 할 일들은 끊임없이 직면해 왔다. 순간의 실수로 수많은 힘겨움이 닥쳐왔지만 결국은 내가 해결해야 되는 것이었다.

가족들이 힘을 모아 지은 집은 절벽 길에서 지어졌지만 나에게는 희망이 보였다. 일을 할 수 있는 공간이 있는 것이고 이 공간에서 매출을 올릴 수 있는 것이었기 때문이다. 해결할 일들은 차근차근 해결해 가면 될 일이었다.

다시 꿈을 꾸기 시작했다. 설계했던 그림들을 찾아서 다시 마음에 품었다. 두려움은 점점 기대로 바뀌고 있었다. 그리고 언제나 이 한마디를 되뇌며 하루하루를 시작해 나갔다.

"나는 해낼 수 있다."

숱한 역경을 뚫고 기어이 완공한 현재의 목민정. 가족 모두의 정성과 염원이 곳곳에 담겼다.

3.

8억과 바꾼 오만한 신용

건축 관련 회사를 운영하던 A씨는 우리와 잘 지내던 지인이었고 성실한 분이었다. 그런 A씨가 복합상가를 지으면서 자금 부족으로 힘들어한다는 것을 알게 되었다. A씨는 도움을 요청했고 완공이 되면 돌려준다고 약속했다. 남편과 나는 도와주기로 결정했다. 땅 공매부터 시작해서 완공되기까지 많은 돈이 들어가게 되었다. 마지막 준공 검사를 앞두고는 엘리베이터 설치 완성 검사 등 큰돈이 들어가기에 우리 돈으로는 부족했다. A씨가 차용증을 써주고 이자를 적어주어서 아이들 돈, 지인들, 직원들 돈까지 빌릴 수 있는 최대한을 빌려 복합상가 완공을 적극 도와주었다. 그런데 A씨가 힘들다고 해서 내가 비싼 이자를 지인들과 직원들에게 대신 주게 되었다. 그 이자만도 한 달에 천만 원이 훨씬 넘었다.

힘들게 준공 검사가 끝나고 드디어 분양이 시작되었다. 그런데 그해따라 창원 지역의 분양이 잘되지 않았고 국가 전체적으로도 경기 침체 여파로 건설사가 힘들다는 소식이 여기저기서 들렸다. 부동산 거래가 급격히 부진해지니 복합상가 관련해서 많은 악재들이 기다리고 있었다.

그런 와중에 A씨의 친구 세 명은 서로 많이 차지하겠다고 법정 다툼까지 하고 있었다. 나는 A씨와 친분이 있어서 법무사 공증을 따로 하지 않았고 A씨가 보내라고 하는 계좌로 돈을 보내주었다. 인건비가 부족할 때, 공매할 때, 엘리베이터 설치하고 완성 검사할 때, 준공 검사를 할 때 등 필요하다고 할 때마다 돈을 보냈다. 그런데 이런 일이 일어날 줄 모르고 거의 A씨 개인 통장으로 돈이 들어갔다. 회사 통장으로 돈을 보낸 것도 있었지만 일부에 지나지 않았다.

A씨의 친구는 여러 변호사를 사서 대응하고 있었다. 나는 A씨가 힘들어하고 있었기에 회사 이름으로 차용증을 써달라고 했다. 18억 차용증을 받았는데 개인 통장으로 돈이 들어가서 효력이 없다며 A씨의 친구는 A씨를 배임으로 검찰에 넘겨 버렸다. 더 구체적인 내용은 내가 잘 모르지만 겨우 완공한 복합상가는 결국 공매로 날아가 버렸고 법을 잘 모르는 우리는 속수무책으로 어떻게 해결해야 할지 막막할 뿐이었다.

이제 겨우 우리 건물을 완성했고 아직 삼분의 일도 돈을 받지 못했는데 돈을 받을 지인들은 줄을 서 있었다. 어떤 지인은 하루 종일 계산대 옆에 서 있기도 했고, 어떤 지인은 이자가 하루 늦으면 나를 힘들게 하기도 했다.

그때부터 내 목숨은 살아있는 목숨이 아니었다. 누군가가 살짝 손만 대도 까마득한 낭떠러지 밑으로 떨어질 것 같은 어두운 절벽 끝에 서 있었다. 준공 검사만 끝나면 지인들에게 돈을 돌려주겠다고 약속했는데 그 약속을 당장 지킬 수 없게 되었다. A씨가 분양이 끝나면 돌려줄 거라고 돈 빌려준 사람들을 안심시키며 이자만 내가 꼬박꼬박 주고 있었다.

순진했던 걸까, 바보였던 걸까. 나를 믿고 돈을 빌려준 지인들 그리고 아이들. 그들을 생각하면 숨조차 잘 쉬어지지 않을 만큼 가슴이 답답했다. 소리도 없는 눈물은 하염없이 흘렀다. 목구멍이 막힌 듯 꺽꺽 울었다. 한참을 실컷 울고 나니 그제야 겨우 숨을 쉴 수가 있었다.

힘들었던 시간을 스스로 부축하며 여기까지 걸어왔는데 그 길을 다시 돌아가야 된다고 생각하니 앞이 캄캄했다. 희망이 보이지 않았다. 모든 게 다 부서져 버리는 것 같았다. 포기하고 싶었다. 길을 잃어버린 채 몇 날 며칠 잠을 이루지 못하는 눈물의 밤을 보냈다. 하지만 내가 만약 잘못된 생각을 한다면 나를 믿었던 지인들이 지금의 나처럼 울게 될 것이고, 아이들 역시 마찬가지일 것이다. 죽어 봐야 남는 건 빚쟁이라는 오명뿐. 나는 둘 중 선택해야 했다. 태어나서 빚쟁이로 남는다는 건 정말 수치인 것 같았다. 빚쟁이의 아이들…, 생각만 해도 끔찍했다.

외부로부터 내게 쏟아지는 질타의 화살은 내 모든 곳을 찌르고 있었다. 아파도 울 수가 없었다. 울면서 넋두리하기엔 시간이 아깝다는 생각이 들었다. 무너지는 가슴을 부여잡고 계속 나를 다독거렸다. 마음이 흔들리면 쓰러져 버릴 것 같았다. 늦은 밤 혼자 다시 마음 잡는 일에 매진해야 했다. 힘들지만 할 수 있다고 나의 노력을 믿고 나의 성실성을 믿고 이렇게 시간을 쌓아 올리다 보면 분명 해낼 수도 있을 것 같았다. 어떤 방법으로든 용기를 내어 다시 움직여야 했다.

바쁘게 일에 몰두하기 시작했다. 아침 7시부터 밤 12시까지 일주일에 한 번씩 링거를 맞아 가며 온 정신과 육체에 남은 한 방울의 체력까지 일에 매진했다. 매진하는 만큼 매출은 껑충껑충 뛰었다. 통장에 돈이 입금되는 대로 지인들에게 분산시켰다. 내 통장은 잠시 돈이 기록되는 종이짝에 불과했다.

그런 일상이 매일 반복되었다. 그렇다고 해서 할 일들이 없어지는 것도 아니었다. 일은 일대로 또 열심히 해야 했다. 육체는 움직여도 머리와 가슴엔 항상 무거운 돌덩이가 얹혀 있는 것 같았다. 그럴 때면 옥상에 올라갔다. 나만의 공간, 옥상에서 실컷 울고 나면 또 하루를 살아볼 마음을 다

잡을 수 있었다. 일 년 365일 하루 종일 뛰고 달리고 숨이 목구멍까지 차올라 헉헉거리고 있었다. 이렇게 몇 해를 하고 나니 지인들에게 준 이자가 8억이나 되었다.

아들이 조용히 말했다.

"엄마, 할 만큼 한 것 같으니 이제 원금 상환합시다. 엄마가 쓴 돈도 아닌데 비싼 이자만 주다가 다 죽게 생겼어요."

아들은 그렇게 안 하면 다 죽을 수 있다고 했으나 내 고집으로 일 년 더 이자를 갚아주고서야 지인들에게 양해를 구하고 원금 상환을 시작하기로 했다. 모두들 표정이 좋지 않았다. 그렇지만 고맙게도 그렇게 해주겠노라고 했다. 고맙기도 했지만 마음의 문도 닫히기 시작했다. 신뢰라는 게 사람과 사람 사이의 일이 아니고 돈과 돈 사이의 일이었다는 것을 그때 알게 되었다. 각자의 계산 방식이 달랐기 때문이었다.

내가 죽기보다 잃어버리고 싶지 않았던 신용과 믿음.

'신용' 이 두 글자를 내 인생에서 빼고 산다는 건 있을 수가 없었다. 그러므로 나는 큰돈과 많은 시간과 건강을 잃으면서 여기에 매진했다. 내가 존재한다는 것은 마지막 믿음의 자존심을 지키는 것이었다.

'신용' 이 한 단어를 지키기 위해서 남몰래 그토록 많은 눈물을 흘렸고 외로운 옥상에서 창자의 시림을 뿜어내기도 했다. 그래도 하늘은 변함없이 파랬고 꽃들은 여전히 예뻤다. 그들은 언제나 내게 위로와 용기를 주었다. 한참을 쓰린 눈물을 흘리고 아래로 바라보니 눈물 사이로 뿌옇게 보인 작은 꽃망울의 연보라꽃. 작은 꽃망울끼리 모여 다시 한 송이로 피어난 꽃, 섬백리향은 그렇게 나를 위로해 주었다.

"내 앞에선 마음껏 울어도 돼."
그의 위로에 부끄럽지 않았다. 흘러내리는 눈물을 소맷부리로 한참을 닦고서야 뿌연 눈물 사이로 보였던 아이.

"괜찮아.
그렇지만 네가 그 실수를 모른 척하진 않았잖아.
뛰고, 달리고, 숨을 헐떡거리며
일주일에 한 번씩 링거를 맞아가며
해결하기 위해 죽기살기로 했잖아.
네가 세운 목표가 조금 더디게 이루어지더라도
넌 반칙도, 편법도 쓰지 않았어.
너의 실수를 인정하고
하기 싫었지만 꾸준히 그 길을 걸었어.
넌 멋진 사람이야.
이 어두운 터널을 지나면

나를 위로해 준 섬백리향

너를 기다리는 건 붉은 태양일 거야.

울지 마.

충분히 잘했어."

그 작은 아이들이 합창해 주었다. 힘들 때면 종종 옥상에 올라가 그들에게 용기를 얻곤 한다.

딸아이가 생일 때 사준 만리향 꽃나무. 내가 꽃을 좋아한다고 호주머니 탈탈 털어 학교 졸업반 때 사준 만리향 꽃나무. 그 아이가 불어주는 은은한 향기는 나의 눈물을 닦아주고 시린 가슴에서 독을 뽑아버리고 다시 나로 돌아가도록 정신을 맑게 해주었다. 여러 해를 이렇게 반복하고서야 앞이 보였다.

사람을 믿은 나의 무모함이 얼마나 가족과 지인들을 힘들게 했는지, 얼마나 오만한 생각이었는지 죽음의 대가를 치르고서야 알았다.

지인들과의 약속을 지키지 않았다면 나의 존재는 없었을 것이다. 많은 대가를 치르면서 약속을 지켰기에 실수의 잿더미에서 작은 불씨 하나를 지킬 수 있었다. 육체와 정신이 쓰러질 것 같은 속에서도 이 작은 불씨 하나를 지키려고 온 정신과 온 세포의 힘을 모아서 버텨 나갔다. 이제는 실수의 경험을 바닥에 깔고 애써 지켜낸 작은 희망의 불씨를 디딤돌로 삼아 다시 튼튼하고 큰 꿈을 키워 나가려 한다.

세상에 못 할 것은 없어.

이 시련이 힘들고 아팠지만 분명 나를 더욱더 큰 사람으로 만들려고 하
는 과정일 거야.

잘하고 있어!

4.

가족 모두 반대한 목민찬방 개업

반찬가게를 하려고 한 처음 취지는 고맙고 오래된 직원들에게 끝까지 일할 수 있는 터전을 마련해주자는 것이었다.

'나이 들어 힘들어할 때 앉아서 채소나 가리게 해줘야지.'

그렇게 마음을 먹었다.

항상 고마운 직원들이었는데 마음을 달리 표현할 방법이 없었다. 그래서 반찬가게를 해야겠다고 마음을 먹었고 공부를 하기 시작했다. 그게 벌써 십몇 년도 더 전의 일이다. 이곳저곳 찾아보며 시간이 날 때마다 배우러 다녔다.

외식업은 보기보다 만만치 않다. 시대의 흐름에 따른 다양한 정보가 넘쳐나고 날이 갈수록 똑똑한 소비자들과 함께 간다는 게 그리 쉽지만은 않다. 메뉴 하나하나에 여러 연령층의 요청과 유행도 반영해야 하고 젊은 층의 먹거리도 분석해야 하며 현대인의 건강식과 간편성도 고려해야 한다.

대충 업을 했다가는 손님이 끊어짐과 동시에 폐업으로 가는 것이다. 어떤 메뉴를 선택할 것인지, 어떤 연령층에 맞추어 트렌드를 이끌 것인지 소비자의 마음을 분석하며 고민의 고민을 거듭해야 한다. 1인 가구와 맞벌이 가정이 늘어나면서 10년 전부터 반찬가게가 꼭 필요하게 될 것을 느꼈다. 외식업을 하는 사람들은 항상 시대의 흐름을 공부해야 한다.

건물이 완공되면서 그 공간 안에 작은 반찬가게를 넣었다. 예전부터 그리던 그림이다. 하지만 시작부터 난관이었다. 나는 목민정을 이전하면서 반찬가게도 같이 오픈해야 된다고 했고 가족들은 반찬가게까지 오픈하면 힘들기도 하고 구체적일 수 없다고 모두 반대했다. 그렇지만 언제나 그랬듯이 나는 꼭 해야 한다고 고집으로 밀어붙였다.

모두들 나보고 대충 여사라고 한다. 그냥 대충 밀어붙인다고…. 그냥 보기엔 그런가 보다. 그렇지만 그 속엔 23년의 정확한 출퇴근과 수많은 고뇌와 쓰라림, 피곤에 찌든 밤들, 무너지는 멘탈을 부여잡고 다시 일어서려고 애쓰던 늦은 밤의 눈물을 담아 한 걸음 한 걸음 치밀하고 디테일하게 걸어온 내 모습이 숨겨져 있다는 것을 알지 못하기 때문이지 않을까?

사람들은 반찬가게를 오픈한 게 신의 한 수라고 한다.

신의 한 수, 이 말 속에는 수많은 레시피 공부로 손가락이 움직이지 않아 흘리던 눈물, 오랜 시간 서 있는 바람에 발가락 10개가 모두 마비되었던 끔찍한 고통, 너무 심한 스트레스로 남겨진 왼쪽 귀의 난청이 담겨 있다. 수없이 그렸던 그림을 실행에 옮기기 위해 몇 날 며칠 수없는 밤을 새웠던 아픔도 담겨 있다. 사람들은 이런 사정은 모른다.

신의 한 수라는 말은 한 번에 쉽게 나올 수 없다. 수없는 노력과 실패를 통해서만 얻어지는 마지막 선택이라는 것을 나만이 알고 있다. 끊임없이 도전하고 도전만 하는 게 아니라 실행을 해야 우리가 가슴에 원하는 무언가가 얻어진다. 실수를 두려워하지 않고 실수의 실수를 모아 결정체를 만들어 내야 했다. 그래야 오롯이 내 것이 되기 때문이다.

머릿속에 그렸던 아이디어를 실현시킨다는 것은 가슴 뛰는 일이다. 뛰는 가슴속에 얼마나 많은 해내야 할 일들과 살아내야 할 하루들이 기다리고 있는지 모른다.

실행하기 위해서 온 가족이 총출동했다. 목민찬방 오픈 준비였다. 요리 공부를 한 딸아이와 며느리, 두 아들과 남편 모두가 힘을 합했기에 가능했다. 특히 큰아들의 합류가 없었다면 해내지 못했을 것이다. 딸아이와 서울 황학동을 누비며 실링기랑 용기랑 처음 준비해 보는 것을 며칠 동안 살펴

보고 선택하기도 했다. 딸아이가 처음 카운터에서 많은 도움을 주었다.

큰아들은 밴드, 배달의민족 등 마케팅 쪽으로 신경을 써 주었고 남편은 곳곳에 필요한 기계들을 연결해 주었다. 우리들이 하지 못하는 것은 남편이 다 해주었다. 정말 가족들이 아니었다면 엄두도 내지 못할 일들이었다.

간판을 정할 때 목민 브랜드로 만들고 싶었다. 지금은 작지만 하나하나 키워가는 목민 브랜드를 생각하면 가슴 벅차다. 목민찬방에 목민을 붙인 것도 목민 브랜드를 계속해서 확장해 나가는 작업의 시작을 선언한 것이었다.

목민정을 방문하는 손님만 하루에 오륙백 명이다. 여기서 내가 최선을 다한다면 목민찬방에도 분명 손님의 선택이 있으리라 나는 믿었다. 이제는 필수가 되어버린 반찬가게다. 서로 힘들게 일하고 들어와서 의무는 아니지만 일찍 들어오는 사람이 밥상을 챙겨도 될 만큼 반찬가게를 중심으로 서로를 배려하고 있다.

고집스럽게 오픈한 관계로 나는 동분서주해야 했다. 처음에는 직원들이 적재적소에 배치되지 못한 관계로 나는 이른 아침부터 늦은 밤 12시까지 체력의 한 방울까지 짜내야 했다. 열정만 있으면 괜찮을 줄 알았는데 몸은 언제나 정직했다. 나이에 비해서 너무 긴 시간 일을 하고 있었다. 일주일에 한 번은 링거를 맞아야 했다. 병원에 너무 자주 가니까 의사 선생님께서 2주에 한 번 오라고 지시를 할 정도였다. 시간이 지나면서 직원들이 조금씩 채워지고 분야별로 분담을 시키고 체계가 점차 갖추어져 갔다.

목민찬방의 메뉴는 핵가족 시대에 딱 맞는 작은 소포장부터 시작해서 고객들께 훨씬 합리적인 선택의 폭을 드려야 했다. 경쟁사회에서 소비자들은 선택을 한다. 우리는 선택을 받기 위해 모든 고민과 노력을 통해 목민다움으로 손님의 선택을 받아야 한다. 선택의 기준이 뭔지 우리는 고민해야 한다. 우리 엄마, 친정엄마의 맛에 가깝게 맛을 내야 한다. 그게 고객이 원하는 맛이다. 손님들이 하루 힘들게 직장 생활을 하고 퇴근길에 들렸을 때 한 끼 밥상을 만들어 드려야 한다. 한 끼를 차려야 하는 그 번거로움을 우리가 대신해 주는 것이다.

건강하고 안전한 먹거리를 챙기면서 밑반찬, 김치류, 밀키트, 반조리, 완제품 등 여러 종류의 다양한 반찬을 제공하려 무던히 노력했다. 체인점 반찬가게와는 조금 다르다. 힘들지만 모두 수작업이며 그때그때 만드는 음식이다. 하나부터 열까지 다 수작업을 해야 하는 번거로움은 있지만 이 맛이 친정엄마의 음식 맛 아닐까 싶다.

나는 손님께 맛도 있고 좀 더 저렴함을 주기 위해 전국 각지의 가격 분석에 들어갔다. 건어물이며 식재료비를 조사하여 최대한 도매 가격을 낮췄다.

건어물은 - 서울

생선은 - 어시장 도매업

멸치는 - 여수

일미는 - 강원도, 공장

최대한 좀 더 싼 가격에 소비자에게 드리고 싶었다.

매년 젓갈과 된장을 친정 쪽에 가서 담는데, 봄, 가을철마다 새벽에 내려가 큰아들이 직접 한 차씩 받아 젓갈을 담는다. 젓갈이 들어가지 않는 음식이 거의 없다. 그만큼 젓갈은 음식 맛을 내는 데 감초 역할을 한다. 시중 젓갈은 정말 비교가 되지 않는다. 젓갈 맛이 음식 맛을 얼마나 좌우하는지 모른다. 장류도 마찬가지다. 나는 여기에 항상 많은 신경을 쓴다. 고추장이며 초장이며 막장, 젓갈, 간장 등 목민찬방은 수제를 고집한다. 한번은 힘이 들어 고추장을 시중 것을 썼는데 정말 직접 담는 것과는 비교가 되지 않아서 다시 수고스럽지만 수제를 고집하고 있다.

처음 20개의 메뉴로 시작해서 하루 매출 이십만 원. 온 정성을 쏟았던 20개의 메뉴를 손님들이 찾아줘서 반찬가게는 날로 번창했다. 이제는 많은 직원들과 하루 매출 팔백만 원을 찍고 있다. 메뉴 120개를 넘기며 날로 발전하고 있다.

얼마나 감사한 일인가. 그만큼 고객에게 보답해야 된다고 생각한다. 손

정성이 가득 담긴 수제 반찬들

님들은 분명히 알고 있다. 우리가 얼마나 헌신적으로 노력하는가를…. 손님들의 발걸음이 증명해 주는 것이다.

100%의 완벽은 없지만 최대한의 완벽을 추구해야 한다. 4년이 지난 지금 돌아보면 감사할 따름이다. 목민찬방이 커 나갈수록 초심을 지켜야 하고 겸손해야 한다.

한식은 참 힘든 길이다.

그렇지만 우리가 꼭 해야 할 일이기 때문에 더 구체적이고 더 청결하고 더 저렴하고 안전한 먹거리를 준비하고 있다. 이제 장사가 아닌 사업의 길로 발을 내딛는다. 목민찬방 10호점을 향하여 남은 한 방울 영혼까지 불사르며 더 많은 고객님을 행복하게 해드리는 큰 꿈을 꾼다.

5.

아들과의 팀워크 시너지

목민을 다점포로 만들 수 있었던 것은 아들이 합류하면서부터였다. 사실 식당이란 게 정해진 자리에서 하는 거라 아무리 장사를 잘한다고 해도 항상 정점이 있기 마련이다. 정해진 한계가 있는 것이다. 이 한계를 극복하기 위해서는 외부적인 요인이 작용해야 하는데 그 역할을 아들이 충실히 해주었다. 아들이 합류하면서 엄청난 시너지를 얻을 수 있었다. 아들역시 마찬가지였을 것이다. 아들과 나는 서로에 대한 믿음이 확고했다. 최상의 조합이었다.

목민정에서 목민찬방을 개업할 때도 나는 음식에만 전념했고 아들이 판매며 마케팅을 잘해주었다. 덕분에 우리는 지금까지 승승장구하고 있다. 우리는 각자의 강점을 살려주고 약점은 서로 보완하면서 문제를 해결할 수 있었다. 이렇게 부족한 것을 서로 협력하다 보니 동기부여도 잘 되고 달성할 목표를 향해 나갈 때 더욱 의지가 되었다. 서로의 능력을 인정해 주고 서로 응원하면서 각자 역할 분담을 통해서 역량을 최대한 발휘할 수 있었다.

약자들이 힘을 합하면 강자를 이길 수 있는 것이다. 각자 일을 하면서 공동 목표에 집중하는 것이 중요한데 그것이 역할과 책임 분담이다. 내가 무엇을 놓쳤는지 아들이 무엇을 놓치고 있는지 체크하며 좋지 않은 결과물에는 책임을 서로 떠넘기지 않으면서 냉정하게 평가해 주기로 우리는 약속했다. 각자의 좋은 아이디어는 서로 경청해 주기로 했다.

역시 아들은 젊은 사람인지라 우물 안 개구리인 나보다 앞을 내다보는 방법이 훨씬 넓었다. 서울을 오가며 많은 배움에 동참했다. 큰 그릇이 되기 위해서는 큰 그릇이 된 사람을 만나야 하고, 그들과 함께 공부하는 시간을 가질 수 있다면 많은 것을 배울 수 있을 것이라는 게 아들의 논리였다. 맞는 말이다. 나도 아들이 서울 교육 현장에 가기를 독려했다. 우린 그런 기회를 놓치지 않았고 그것은 목민을 더 확장하는 계기가 되었다.

물론 단단한 기초 작업이 되어 있었기에 가능한 일일 수도 있다. 아무리 자기계발서를 많이 읽고 성공한 사람을 많이 만나고 업적을 공부한다 해도 나의 기초 작업이 튼튼하지 않으면 쉽게 무너질 수 있다.

요식업이란,

매우 취약한 사업일 수도 있다. 지속 가능하지도 않고 아주 작은 클레임에도 크게 흔들릴 수 있는 사업이다. 위험 요소가 아주 많은 것이다. 어떻게 해야 안전하고 오래 지속할 수 있는지 끊임없이 배우고 연구해야 한다. 자기의 정체성과 신념을 가지고 오랫동안 할 수 있는 가게가 되려면 웬만한 상황에도 무던히 버틸 수 있는 인내와 성실과 배움이 필요하다.

경쟁사회에서 소비자의 선택을 어떻게 하면 받을지
목민의 매력은 무엇인지
목민의 결핍들은 어떻게 극복할 것인지
목민의 가치는 어떻게 높일 것인지
지속적인 배움이 있어야 한다는 생각은 아들과 같았다.
목민만의 방정식을 만들어야 브랜드가 탄탄하다는 것을 서로 공감했던 것이다.

목민정을 이전하면서 나는 아들에게 옛날 그 자리에서 곰탕집을 할 것을 제안했다. 곰탕집은 반찬이 번거롭지 않으며 육수만 제대로 잘 내면 다점포도 가능하리라 판단했기 때문이다. 한정식은 솔직히 너무 손이 많이 간다. 아침부터 저녁까지 썰고 다듬고 하는 공정 과정이 너무 복잡해서 남자들이 하기에는 간단한 메뉴가 좋겠다고 생각했다.

나는 아들에게 스스로 개척하라고 했다. 오픈 때까지 하나도 도와주지 않기로 했다. 나는 아들의 그릇이 어느 정도인지 궁금하기도 했고 어떻게 해낼 것인지 기대가 되기도 했다.

아들 녀석이 처음 외식업에 뛰어들었을 때는 뭔가 성공의 결실을 누군가에게 보여주고 싶었는지 조바심이 역력했다. 마음은 아팠지만 나는 모른 체로 일관했다. 작은 가게를 열어서 빨리 성공하고 싶은 모양이었다. 작은 가게를 임대하겠다고 나를 조르기도 했으나 나는 그냥 침묵으로 방관했다.

성공이란 게 그렇게 쉽게 된다면 누구나 할 것이다. 가진 것 없는 사람들의 성공이란 참 쉽지만은 않다. 인내하고 또 인내하고, 견디고 또 견디며 성실히 그 길을 걸어야 하는 것이다. 나는 아들에게 홀서빙이며 설거지며 화장실 청소며 주방에서 하는 것들을 가르쳐 주었다. 그래야 직원의 마음도 알고 적재적소에 배치할 수도 있고 세부 요소들을 면밀히 파악할 수도 있기 때문이다.

공간을 자신의 것으로 만들 줄 알아야 공간을 지배할 수 있다. 작업 공간이 어떻게 배치되어야 시간을 절약할 수 있는지, 지금 하는 일 다음에는 어떤 일이 와야 효율적인 동선이 되는지 알아야 정확하고 빠르며 편안하게 일할 수 있는 모델을 만들 수 있다. 주방에서는 모든 것이 짧은 시간에 결정되고 그것이 직원들에게까지 매끄럽게 연계되려면 과정 과정마다 어떻게 해야 하는지 정확하게 파악하고 있어야 문제없이 한 그릇 식사가 나온다. 외식업에서는 이것이 필수 요건이다. 자기 할 일이 바빠서 공간을 통제할 수 없다면 오너로서는 좀 힘들다고 봐야 한다. 아들은 이런 모든 것들을 잘 해내었다.

나는 아들의 가능성을 보았다. 아들은 곰탕을 하기로 메뉴를 정하고서는 배낭 하나 메고 전국 곰탕집을 찾아 들어가서 청소며 설거지며 해주고 귀동냥으로 때로는 조언으로 많은 경험을 해오기도 했다. 나는 마음속으로 갈채를 보내곤 했다. 목민정을 처음 시작하고 여기저기 아무리 먼 곳도 마다 않고 배우러 다녔던 나를 다시 보는 느낌이었다. 아들의 이런 노력은 나 혼자 할 때보다 함께할 때 몇 배의 성과를 내게 된 원동력이 되었다. 수많은 시간과 배움으로 곰탕과 갈비탕을 해냈다. 열정이 대단하더니 이렇게까지 훌륭한 맛을 낼 줄 몰랐다.

한 그릇 만들 때마다 엄마, 아빠 모든 가족이 맛을 보고 평가해 주어야 했다. 그동안 들고 온 그릇만도 100그릇이 넘는 것 같다. 그토록 집요하게 곰탕 한 그릇에 정성을 들이고 있었다. 성공한 모든 사람들의 공통점은 딱 한 가지라고 생각한다. 성공할 때까지 하는 것이다. 반대로 성공하지 못한 사람의 공통점은 성공할 때까지 하지 않은 것이다. 성공할 때까지 하는 것, 그것이 바로 집요함이 아닐까. 아들은 그런 집요함이 있었다.

물론 맛의 평가는 자기 자신에게 달려 있다. 자신의 감정에 흔들리지 않고 오차를 줄여야 하고 자신의 기준이 완전히 성립되어야 한다. 그렇지만 고객의 입장을 듣지 않을 수도 없다. 감사히 그들의 의견을 들어야 리스크를 줄일 수 있다.

아들이 만든 곰탕은 내가 먹어본 곰탕, 갈비탕 중 제일 맛있었다. 나의 주관적인 생각이라고 할 수도 있지만 오랜 시간 음식 장사를 해온 내가 냉정하게 평가한 것이다. 아들의 미각을 믿을 수 있는 순간들이었다.
남편과 내가 해줄 수 있는 것은 혹시 자만하지 않는지, 행여 초심이 변했는지 이것을 지켜보는 것뿐이었다. 그 외에는 더 이상 해줄 게 없는 것 같았다. 곰탕집의 안정은 우리 목민이 한 단계 도약하는 계기가 되었다.

지금 목민은 목민정, 목민찬방, 목민곰탕, 목민CK공장까지 4개의 점포를 가지고 있으며 연 60억 매출을 해내고 있다. 5개 점포까지야 열심히 하면 직영이 가능하지만 5개 이상이 될 때는 가게가 필요로 하는 기준을 지킬 수 있는 인재 영입이 필요하다. 외식사업자도 교육사업이라 생각한다. 끊임없이 교육해야 한다.

아들의 집요한 도전과 노력의 결실, 목민곰탕

우리 가족 행사 중 중요한 것이 하나 있다.

12월 마지막 날, 지나온 한 해를 돌아보면서 수고했다고 서로 격려해 주고 자정에 제야의 종소리와 함께 1년 계획서를 적어서 가족 모두 발표하는 것이다. 남편의 강력한 제안이기도 했다. 반성할 일들을 적고 보완해야 하는 일들을 이야기하고 내년 계획을 발표하는 순서로 진행된다. 이 계획서를 적다 보면 거의 계획서대로 일이 이루어지곤 했다. 이 계획을 이루려고 무던히 노력하기 때문이다. 매출도 거의 근사치에 도달하곤 했다. 3년 후 목민의 연 매출은 100억을 목표로 한다. 매일매일 사건이 터지고 매일매일 위기일 수도 있다. 트렌드도 변하고 사람도 변하고 위기는 언제나 다가온다. 그 위기를 끊임없이 넘어야 하는 게 인생인지도 모른다.

사랑받는 가게가 되어야 롱런할 수 있다. 직원들도 희망을 볼 수 있는 가게가 되도록 최선을 다하고 싶다.

한 방울 진국을 위해 온 정성을 기울인 곰탕과 각종 메뉴

6.

바람직한 직원 관리 시스템 갖추기

"사장님, 힘들어요."

자영업을 하는 지인의 하소연이다.

최근 더욱 녹록지 않은 자영업자의 현실이 폭발 직전의 임계점까지 와 있는 것 같다. 정말 쉽지 않다. 며칠 동안 자영업자들이 벼랑으로 내몰리는 현실을 보도하는 뉴스가 계속되고 있다. 경기 침체로 소비 심리마저 위축되면서 여러모로 식당을 하는 자영업자의 폐업률이 높다고 보도한다. 휴~ 한숨이 절로 쉬어진다.

고금리와 고물가로 장기화된 내수 부진으로 골목 곳곳에 임대 안내문이 붙어 있다. 통째로 상가가 나와 있는 곳도 허다하다. 경기 침체의 그늘이 더욱 짙어지는 데다, 장사가 잘되어도 직원들 월급 주고 퇴직금 주고 나면 남는 것 없는데 고금리까지 괴롭히니 자영업자의 고통은 말 그대로 산 넘어 산이고 누구라도 감내하기 힘든 지경이다.

작년 자영업자 중에 100만 명이 폐업했다는 소식이 들린다. 끔찍하다. 정신을 차리지 않으면 어느 순간 나락으로 떨어지는 게 현실이다. 직원이 많으면 월급 맞추기가 힘들고, 부족하면 일하기 힘들다고 아우성이니 자영업자들은 당장이라도 무너질 것 같다. 폐업으로 인한 실업자가 늘어나며 사회적으로 정말 어려움이 많아지고 도시 자체가 활기를 잃어버릴 수도 있을 것 같다.

목민이라는 이름을 붙인 목민정과 목민곰탕, 목민찬방. 목민도 경기 침체를 피해 갈 수는 없다. 하지만 이겨내고 살아남을 수는 있다. 어떻게 해야 살아남을 수 있을까? 세스 고딘이 쓴 『보랏빛 소가 온다』라는 책이 있는데, 거기서 저자는 언제든 대체될 수 있는 존재가 되지 말고 누구도 대체할 수 없는 존재가 되어야 한다고 말한다. 누구도 대체할 수 없는 목민만의 특별함은 무엇으로 채워야 할까?

우선 가성비다. 고급 한정식집을 지향하지만 누구나 즐길 수 있는 가격이다. 비싸지 않기 때문에 경기가 어렵다고 해서 목민정 음식을 포기하지 않아도 된다. 목민찬방 역시 마찬가지다. 가장 좋고 신선한 재료를 쓰고

품격 있는 반찬을 만들지만 가격의 문턱이 절대 높지 않다. 언제나 편안하게 들를 수 있는 반찬가게다.

두 번째는 맛이다. 언제나 알맹이가 가장 중요하다. 식당과 반찬 가게의 알맹이는 규모도 아니고 요리사의 명성도 아니고 바로 맛이다. 어머니가 바로 만든 듯 맛깔스러운 음식이 우리가 내세우는 자랑거리다. 맛은 정성이다. 정성이 조금이라도 빠지면 그 맛이 안 난다. 목민이 꼭 지켜나가는 절대 원칙이다.

다음은 고객의 신뢰다. 가성비와 맛을 보장하며 목민하면 믿고 먹을 수 있는 음식으로 브랜딩해야 한다. 또 건강한 음식으로 보장받아야 한다. 좋은 분들에게 좋은 음식을 대접하는 것은 목민의 철학이자 나의 기쁨이다. 장사가 잘된다고 맛을 내는 데, 고객을 대하는 데 소홀함이 있어서는 안 된다.

남들이 대체할 수 없는 이런 강점을 지키기 위해서는 손님이 원하는 게 어떤 것인지 매일 연구하고 또 연구해야 한다. 자나 깨나 손님의 마음을 생각하는 것이 목민이 살아나가는 방법이다.

목민의 특별한 강점을 유지하려면 직원 관리도 특별해야 한다. 꽤 오랜 시간 목민을 운영하고 있음에도 직원의 면담 요청은 언제나 가슴을 두근거리게 한다. 숙명이지만 힘든 시간이다. 하루 만에 그만두는 사람도 있다. 이것은 우리 가게의 시스템이 완벽하지 않기 때문이라고 생각한다. 직원이 늘어나는 과정에서는 다양한 문제가 생긴다. 사업이 커질수록 필수적으로 일어나는 일이다. 성장을 하려면 원하지 않는 일들이 불가피하게 일어나는 순간이 많다. 사장은 이런 순간순간을 이겨내야 한다.

사업가는 고통을 감내하는 그릇이 남달라야 한다. 모든 게 사장의 책임인 것이다. 그래서 더욱 완벽한 시스템 구축에 힘을 써야 한다.

주방은 더욱 자동화시켜서 냉난방, 온수, 환기가 잘되도록 철저히 체크해야 한다. 직원들은 교육을 통해 누구나 어떤 자리에서도 막힘 없이 일할 수 있도록 호환성을 키워야 한다. 대부분 50~60대 직원들이라 시스템을 구축하는 데 어려움이 있을 수밖에 없다. 간혹 가족들과의 여행이 있으니 며칠 시간을 꼭 빼달라는 요청이 있다. 지금 상태로는 한 사람이 오랜 기간 빠지면 문제가 크다.

나는 이런 상황을 고려한 시스템을 만들려고 오래전부터 생각해오고 있다. 한 사람이 빠져도 자연스럽게 채워져 빈틈이 생기지 않는 직원 시스템을 연구하고 있다. 더구나 목민이 다점포 시스템을 갖추게 될 미래에는 이 문제가 반드시 해결되어야 한다. 사장이 없어도 자동으로 잘 돌아갈 수 있는 매장을 만들어야 한다. 직원을 바꾸려 하지 말고 시스템을 구축해서 시스템 안으로 들어오게 만드는 것이 관건이다.

시스템 사고를 명확히 갖지 않으면 충분히 일을 잘 해낼 수가 없다. 마음만 급하게 된다.

A 직원이 빠지는 날에는 B 직원과 C 직원이 빈자리를 채우고, B 직원이 빠지는 날에는 C 직원과 D 직원이 빈자리를 채우고, 매장에서 어떤 문제가 발생하면 매뉴얼에 따라 차근차근 해결하고 식재료는 **항상 체크**해서 떨어지기 전에 자동으로 주문하도록 만들고 하는 것이 내 마음속에 있는 직원 시스템이다. 가장 중요한 것은 한 팀이라는 생각이다. 내가 생각하는 한 팀은 다른 사람의 일을 해서 내가 손해 보는 것이 아니라, 내 자리를 다른 사람이 채워준다고 생각하는 것이다. 시간이 걸리더라도 반드시 완성해야 할 나의 과제다.

새로운 것을 도입하다 보면 직원들이 저항할 수 있다. 그러기에 잘 설명해서 이해시켜야 한다. 우리가 같이 살기 위함인 것을 인지시켜 주어야 한다. 직원 탓을 하면서 안 되는 이유를 직원에게서 찾는다면 멸망의 길로 접어드는 것이다.

매장에서 일어나는 많은 문제와 해결을 위해서는 영업일지를 써 보는 것도 좋다.

- 매장에 어떤 일이 있었는지
- 손님의 불편 사항은 어떤 것이었는지
- 하루 매출과 객단가, 회전율 등은 어땠는지

– 개선할 부분이 어떤 것인지

매장 운영, 매장 관리, 매장 규율 다 같이 체계적으로 잘할 수 있도록 체크리스트를 만들어 보면 좋을 것이다. 이것이 쌓이면 누구도 대체하지 못할 목민만의 데이터가 되는 것이다. 객관적 근거를 가진 데이터가 되면 어떤 어려움이 다가와도 대처할 수 있을 것이다.

직원들의 책임감 면에서도 컴플레인을 같이 공유하며 직급 체계를 갖추어야겠다는 생각을 한다. 컴플레인을 쉽게 생각한다면 절대적인 치명상을 입는다. 최대한 해결안을 내놓아야 하고 해결해야 한다는 것을 직원들에게 분명히 교육을 시켜야 하며, 사장 역시 최고로 중요한 문제임을 인식하고 있어야 한다.

물론 직급 체계나 매뉴얼만으로 매장이 꼭 잘 돌아가는 것은 아니다. 해도 되는 행동과 해서는 안 되는 행동을 분명히 알려주어야 하며 그것을 꼭 지켜야 함께 이 불경기를 이기고 폐업의 위기를 벗어나 오히려 더 성장할 수 있음을 인지시켜야 한다.

직원의 보상 체계도 분명히 해놓아야 한다. 직원들이 우리 매장에서 일하는 것을 자랑스럽고 만족스럽게 생각하는 것이 나의 꿈이다. 그러기 위해서는 명확한 상벌의 기준도 마련해야 한다. 한 점포만 할 때는 인정으로 갈 수 있지만 다점포를 할 때는 물을 흐리는 직원을 그냥 내버려둘 수 없다. 직원의 잘못을 정확하게 말할 수 있어야 하고 때로는 그만두게 할 수도 있어야 한다.

『좋은 기업을 넘어 위대한 기업으로』라는 책에서는 버스에 모두를 태우고 갈 필요는 없다고 말한다. 적절하지 않다면 목민이라는 버스에서 내리게 하는 것이 오히려 더 큰 발걸음을 내디디는 계기가 될 수 있는 것이다.

목민만의 특별한 사장의 역할에 대해서도 많은 생각을 한다. 한 점포만 할 때는 사장이 이리 뛰고 저리 뛰고 빈자리를 메꾸면서 직원을 적게 쓸 수도 있지만 다점포를 할 때는 오른팔과 왼팔의 직급 체계를 두면서 함께 꿈을 나누고 믿을 만한 직원을 확보해야 하며, 특히 성장에 대한 연구에 몰입할 수 있는 시간을 확보해야 한다. 사장은 이리 뛰고 저리 뛰는 게 아니라 전략과 전술을 짜야 하며 끊임없이 연구에 매진해야 하는 것이다.

그래서 운영 시스템을 만들어야 한다. 오픈과 마감까지 체크리스트를 만들어 수정과 개선을 해 나가면서 발전시켜야 한다. 개선해야 될 사항을 개선하지 않는다면 우리는 어느 사이 외면당하는 음식점이 될 것이다.

사장이 어떤 마인드를 가졌느냐에 따라 매장이 바뀔 수 있다. 또 사장이 어느 방향을 보느냐에 따라 직원이 바뀔 수 있다. 사장은 언제나 누구를 탓하기 전에 내가 지금 어떤 노력을 하고 어떻게 개선을 하고 있는지에 중

점을 두어야 한다. 나의 모든 세포와 정신을 집중시켜야 한다. 시대의 흐름과 경제의 흐름과 동네 상권의 흐름까지도 잘 파악해야 한다.

사장이 가장 중요하다. 우리나라에서 가장 공부를 잘하는 학생들의 공통점은 자기가 무엇을 알고 무엇을 모르는지를 아는 것이라고 한다. 나는 사장으로서 우리의 강점이 무엇이고 약한 면이 어디인지를 확실히 알려고 한다. 그리고 어디를 향하고 있는지 확실히 알고 가고자 한다.

예전 모습 그대로는 절대 성장할 수 없음을 느낀다. 왜 많은 기업에서 혁신을 말하는지 이제 알 것 같다. 변화가 없으면 성장은 없다. 고객과 직원과 사장이 모두 행복한 목민을 위해 변화를 꿈꿔 본다.

창원의 한 자영업자는 무너지지 않으려고, 100만 명 폐업에 합류하지 않으려고 오늘도 무던히 발버둥친다.

7.

요동치는 마음 보듬기

아래층이 소란스러웠다. 무슨 일일까? 좋은 일이 아닌 것은 분명하다. 내려가 봤다. 역시나 분위기가 싸했다. 직원끼리 싸웠다고 한다. 대차게 한판 싸우고는 끼고 있던 고무장갑을 벗어 던지고 가버렸다고 한다. 들어 보니 이유는 작은 감정싸움이었던 듯하다. 그러고 있는데 문자가 한 통 도착했다. 그만둘 테니 월급과 퇴직금을 넣으란다. 그러지 않으면 노동부에 고발하겠다는 의지가 들어 있다. 언제나 그렇듯 크게 숨을 쉬어 본다. 한 두 번 있는 일도 아닌데 겪을 때마다 낯설고 힘들다.

마음이 요동친다. 온몸을 휘감아 머리부터 발끝까지 눈동자에 뜨겁게 고여 움직이지를 못한다. 어떻게 달래나 하다가 내동댕이쳐진 고무장갑을 보니 갑자기 가슴에 욱하고 감정이 올라온다. 화를 내야 맞는 걸까? 전화를 해서 욕이라도 한 바가지 쏟아부어 볼까? 그래야 속이라도 시원한 것 아닐까?

아니다. 이렇게 화가 가득 찬 상태에서 나오는 말은 양쪽 다 상처만 남기게 되고 말 것이다. 내가 무슨 말을 하게 될지 두렵기도 했다. 언어 폭력밖에 더 되겠나 싶었다. 또 다른 복잡한 생각들이 주마등처럼 스쳐 지나간다. 마음이 혼란스럽다. 가슴이 답답하고 머리가 멍해서 정신이 온전히 차려지지 않았다. 내일 메뉴도 짜야 하는데 마음이 움직이지를 않는다.

차가운 커피 한잔을 들고 창가에 앉아 멍하니 창밖을 바라본다. 그런다고 일어난 문제들이 해결되는 것은 아니다. 그냥 무너진 내 마음을 보듬어 주기 위함이다. 그래도 안정되지 않는다. 창밖 모든 사물은 정지되어 있는 것 같은데 마음속의 번뇌는 격렬하게 요동친다. 극과 극이다.

이때 마음이 살며시 내게 말을 걸어 온다.
자꾸만 내게 말을 걸어 온다.
숨을 쉬라고
더 깊게 쉬어 보라고
괜찮을 거라고
잘 해결될 거라고
너무 걱정하지 말라고

마음이 자꾸자꾸 말을 걸어준다.

너무 깊이 생각하면 머리에 열이 오르고 그러다 보면 불안하고

그러다 보면 폐쇄공포증과 돌발성 난청이 또 찾아올 수 있다고.

길게 숨을 들이마시고 뱉어내라고.

자꾸 내게 말을 걸었다.

눈을 감고 시키는 대로 깊이 숨을 들이마셨다가 숨이 찰 때까지 뱉어보았다. 그러기를 수 차례. 정말 마음이 차분해지고 정신이 가다듬어졌다.

우리는 하고 있는 일을 꾸준히 해내야 한다. 그래야 내가 하고 싶은 일들을 할 수 있다. 그러려면 현실을 잘 받아들여야 한다. 마음도 잘 다스려야 한다. 끝까지 가야 하기 때문이다. 하지만 늘 삶에 쫓기고 너무 빠르게 변하는 세상의 흐름에 따라가려고 하다 보니 마음과 마주할 시간이 잘 허락되지 않는다. 육체의 아픔 못지않게 중요한 게 마음의 아픔이다.

육체가 아프면 전문의에게 맡기면 된다.

마음이 다치면 어느 누구도 고쳐 줄 사람이 없다.

오로지 나뿐이다.

내 마음의 생채기가 어느 정도인지,

오늘은 우울한지 기쁜지,

단단한지 여린지,

닫혀 있는지 열려 있는지 아무도 모르기에

남들은 절대 대신해 줄 수가 없다.

마음이 우울한 날은 아무것도 아닌 걸로 서로 의견 충돌이 있을 수도 있다. 이럴 땐 한 걸음 살짝 뒤로 물러서는 것도 괜찮다. 마음의 조율도 계속 습관이 되다 보면 상대방과의 마찰도 줄어든다. 나 스스로 나란 존재와 끊임없는 대화가 필요하다. 그렇다고 좋지 않은 일로 너무 깊숙이 마음과 대화를 하다 보면 그 일에 얽매여 머리가 아파서 다른 일을 할 수가 없다. 마음에 병이 날 수도 있다.

해결되지 않으면 일단 다른 일에 몰두하면서 방법을 찾아야 한다. 그렇지 않으면 나를 잃어버릴 수도 있고 원하는 삶도 나에게서 멀어질 수 있어서 결국 무기력과 우울만이 나를 기다리게 되기 쉽다. 그래서 마음을 잘 보듬어 주어야 한다. 내가 좋아하는 일에 잠시 몰두하는 것도 마음에 위로가 된다.

마음이란 아이는 외부나 나로부터 상처받지만 내가 치유하지 않으면 치유가 어렵다. 그래서 이 아이를 잘 관찰해서 공감해 주고 다독여 주고 위로해 주고 문이 닫혔는지 열려 있는지 어떤 부분에서 상처를 받는지 헤아려서 그런 부분들은 미리 피해 보는 것도 한 방법일 수가 있다.

20년 넘게 장사를 하다 보니 직원과 직원이 싸울 때가 제일 힘들다. 그럴 때는 일단 마음에 갑옷부터 입혀 본다. 별일 아닐 거라고 잘 해결될 거라고….

외부로부터 받은 상처들은 내 마음이 어떤 처방을 하느냐에 따라 병명이 달라질 수 있다. 마음을 잘 다독여서 좋은 처방을 내려야 한다. 마음이 다치면 아무 일도 할 수가 없다. 남에게 별것 아니라고 해서 내 아픈 마음까지 별것 아니라고 매도하지는 않아야 한다. 내 마음은 소중하기 때문이다.

'그랬구나, 알고 있어. 힘들었지?'
인정해 주고 손잡아 주고 보듬어 주어야 한다.

그래야만 상처가 아물어 또 다른 근육으로 변해서 내가 해야 할 일을 잘 해낼 수가 있다. 힘들지만 해야 할 일을 잘 해낸 연후에야, 하고 싶은 일을 할 수 있는 것이다.

20년 넘게 장사를 하다 보니 마음에 생채기들이 많이 남아 있다. 그래도 마음과 많은 시간을 가졌기에 긴 시간을 버틸 수 있었던 것 같다. 때론 내게 기적이 일어나기를, 제발 이 힘든 시간과 공간들을 껑충껑충 뛰어넘어 좀 더 편안하고 평화로운 시간들이 내게 주어지기를 기도해 보았지만 공허한 소망인 걸 알았다.

기적이란

　가슴 시린 지난날들과 지금 묵묵히 걷고 있는 오늘이라는 이 시간들이 엮여서 다가오는 눈부신 날들을 만나게 해주는 것이라 믿는다. 그래서 오늘이라는 이 시간을 묵묵히 걸으면서 눈부신 날을 만날 설렘으로 내 마음을 따스히 보듬어 본다.

Part 3

미완성의 하루를
남기지 않는 성공 습관

———

내게 삶은 언제나 책임감이었다.
아프다고, 한계가 왔다고 놓아버린다면
나에게 주어진 하루를
그냥 팽개쳐 버리는 것이 될 수도 있다.
미완성인 하루를 만들기 싫었다.
매 순간순간 내가 만들어지고 있기 때문이다.

1.

긍정의 위대함

　신께서 사람에게 준 선물 중에 가장 공평한 것은 하루 24시간이지 않을까. 나는 마음의 크기와 빛깔도 선물로 준 것 같다고 생각한다. 육체의 크기는 내 마음대로 조절할 수 없지만 내가 무슨 생각을 하고 어떤 마음을 먹고 어떻게 행동하느냐에 따라 행복하기도 하고 불행하기도 하고 기쁘기도 하고 슬프기도 한 인생의 다양한 빛깔이 나타나기 때문이다.

　사람은 행복하려고 살아가는데, 행복하기 위해 돈과 일에만 너무 매달리다 보면 가는 도중 행복을 잃어버릴 수도 있다. 한 걸음 한 걸음 마음의 페이스를 잘 조절하는 것이 중요하다. 그러기에 마음을 잘 다스려야 한다.
　행복도 공부하고 찾아야 내게 오는 것이다. 물론 말처럼 간단한 일은 아니다. 하루 24시간 중 12시간~13시간을 일하는 사람에게는 행복 찾기가 쉬운 일이 아니다. 매일 벌어지는 전쟁통 같은 일상이 아쉽게도 평범한 나의 현실이다. 내 일상을 포기하고 푸른 숲속 아름다운 꽃들과 함께 행복을 찾으러 가기가 쉽지 않은 것이다. 그렇다고 꼭 그곳에만 행복이 있는 것은 아니다. 행복은 일상에서 찾아야 한다.

행복은 누구도 대신 찾아주지 않는다. 오로지 내가 찾는 것이다. 행복은 남과 비교해서는 절대 찾을 수 없다. 행복은 온전히 내 안에 있기에 주어진 공간에서 내가 어떻게 느끼고 받아들이는가에 따라 크기도 빛깔도 다르게 찾아온다.

아침에 일어나기 싫지만 겨우 일으킨 몸을 이끌고 현장에 내려와 커피 한잔을 마실 때, 백악관 커피가 어떤 맛인지는 모르지만 최상의 맛이다. 이것도 하나의 행복이 아닐까?

아직 깨어나지 않은 나의 모든 세포를 깨우고
육체의 모든 마디를 정비시키고
오늘 하루를 멋지게 살아보리라 다짐하면서
힘든 삶 속에 나를 컨트롤한다.
정말 힘겨울 때도, 때론 슬플 때도 있다.
그 감정을 버릴 수는 없다.
감정을 느끼되 짧게 느끼려고 노력해야 한다.

힘겨움을 짊어지고 그 짐의 무게를 온전히 느끼려고 하면 너무 무거워 현실을 망각한 채 쓰러져 버릴 것이다. 그 힘겨움을 살짝 현실의 톱니바퀴에 맞물리게 해서 가다 보면 또 하루를 보내게 된다. 그렇게 차근차근 해내다 보면 인내라는 근육이 생겨 또 다른 나로 변해가고 있다. 건강하고 얼마나 멋진 일인지….

하루의 힘든 시간을 고통스럽다고 만약 내가 포기했다면 또 다른 용기도 내지 못하고 다음 단계로 절대 넘어가지 못했을 것이다.

물론 슬픔도 마찬가지다. 어찌 살면서 슬픈 일이 일어나지 않을까. 사람으로 도저히 감당할 수 없는 큰 슬픔이야 어쩔 수 없다지만 작은 슬픈 일들은 짧게 훌훌 털어버리는 연습을 해야 한다.

그래야 내 안에 다시 좋은 감정이 들어올 수 있다. 좋지 않은 작은 감정에 하루 종일 갇혀 있다는 것은 참 허망한 일이다. 나에게 아무런 도움도 되지 않는다. 돌아오지 않는 시간만 낭비하는 것이다. 만약 다투었다면 상대방 입장에서 조금만 생각해 보면 그다지 이해 못 할 일도 없다. 내 안의 분노를 그냥 내버려두면 나의 감정을 지배해 더 슬프게 만든다. 그것도 모두 내가 만든 감정들이다.

내 안의 감정을 잘 다스려 보면 신의 축복이 뿌려 놓은 만물의 경지를 느낄 수 있다. 하늘도 맑고 푸르고, 따사로운 햇살이 넘실거리는 거리, 아름다운 꽃들…. 분노가 가득 차 있다면 자연이 빚은 아름다움을 보지 못할

"한 공간을 웃음으로
가득 채운다면
아이들은 그 무엇보다
평화롭고
행복할 것이다."

것이다. 분노의 감정을 밖으로 빼내 버리고 긍정적인 마음으로 바꾸어야 행복하고 기쁘다.

아이들을 데리고 단칸방에 살았던 적이 있다. 건너편 방 2칸짜리 집에 사는 새댁이 왜 그리 부럽던지. 나도 좀 넓은 데 살면 아이들 장난감 방도 하나 해주고 얼마나 좋을까 싶었다. 그 순간, 그건 꿈이었기에 아니, 내 것이 아니었기에 나는 얼른 마음을 바꾸었다.

부러워하는 시간을 버리고 이 작은 공간에서 행복 찾기란 무엇일까 생각하기 시작했다. 어떻게 하면 아이들을 행복하게 해줄까, 어떻게 하면 이 순간, 이 현실을 더욱 알차게 보낼 수 있을까?

아이들과의 24시간 밀착 행복 찾기를 했다. 단칸방은 비좁고 불편하긴 했어도 우리가 행복하기에 별 지장이 없었다. 아침이 되면 온 방바닥에 큰 전지를 붙이고 벽에도 붙이고 아이들과 놀이 준비를 했다. 색연필과 종이, 책 등으로 만들기, 탑 쌓기를 마음대로 하게 내버려두었다.

아이들은 그림을 그리기도 하고 그림 찾기도 하고 탑 쌓기 놀이도 했다. 탑을 조금 더 높이 쌓으면 우레와 같은 박수를 보내기도 하면서…. 방바닥의 그림은 엄마만 이해할 수 있는 선들의 향연이었다. 미래의 피카소 같은 위대한 화가가 되려나 하면서 작은 줄 하나에도 의미를 붙이곤 했다.

아이들과 나는 전지 위에 미래를 그리고 있었다. 아이들을 사랑해 주는 것은 크고 작은 공간이 아니었다. 아이들과의 사랑은 마음과 마음의 밀착이지 공간의 높이가 아니었다. 내가 만약 방 2칸의 새댁이 부러워 슬픔에 빠져 있었다면, 부러움에 시간을 낭비했다면 우리 아이들은 얼마나 슬펐을까? 엄마의 슬픈 모습을 보는 아이들도 고통이었을 것이다.

그때 작은 공간에서 키웠던 인지 능력, 창의력, 동요, 동시, 사랑하기, 함께하기 등이 지금 되돌아보면 아이들에게 재산이 되었다고 생각한다. 우리가 우리에게 주어진 환경이 조금 힘들고 누군가보다 작다고 생각되어도 슬퍼하거나 괴로워하지 말고 작은 공간에서 큰 행복을 찾으면 좋겠다. 마음가짐의 문제니까 말이다.

지나고 보니 긍정의 생각이 큰 위대함을 만드는 것 같다. 때론 하기 싫은 일들이 많다. 청소도 하기 싫고 밥도 하기 싫고 일도 하기 싫고 공부도 하기 싫을 때가 있다. 하기 싫은 일들이 수두룩하다. 하지만 내 감정을 잘 조절해서 긍정적으로 차근차근 한 걸음씩 발을 내디디면서 하기 싫은 것을 하나씩 해낸다면 분명 우리를 기다리는 것은 우리의 위대한 미래일 것이다. 그 속에서 행복을 찾으면서 간다면 인생, 멋지지 않을까!

2.

성장을 이끄는 에너지 집중

사람이 살아가면서 어떤 일을 하든 다 소중하고 귀하다. 그런데 우리가 좀 더 에너지를 집중시키면 내가 하고 있는 일을 좀 더 가치 있는 일로 전환시킬 수 있다. 성장은 거기서 시작하는 것 같다. 성장이 계속되면 성공이라는 단어를 남들이 달아주기도 한다. 성공이라는 단어가 꼭 돈을 의미하는 것만은 아니라고 생각한다. 자기가 하는 일을 자기가 원하는 대로 이루면 성공 아닐까.

나는 두 가지의 일에 에너지를 쏟았다. 아이들과 가게이다.

아이들이 어릴 때는 24시간 내내 함께하는 것이 좋았다. 아이들을 돌보고 놀아주는 것이 힘든 일이지만 에너지를 쓴다기보다는 그 자체가 행복이었다. 아이들은 순간순간 말할 수 없을 정도로 가슴 찌릿한 감동을 선사

했고 덕분에 자주 콧날이 시큰시큰했다. 넉넉한 살림은 아니었어도 아이들에게 에너지를 집중하니 물질의 풍요함과는 비교할 수 없는 행복을 얻을 수 있었다. 엄마가 함께하면 간단한 놀이라도, 풍성하지 못한 음식이라도 아이들은 행복해한다.

정신적인 에너지를 쏟을수록 아이들이 웃는 시간은 많아진다. 부모가 아이들에게 정신적 에너지를 쏟아야 아이들은 건강한 정신을 가지게 된다. 나는 건강한 정신과 반듯한 생각을 가진 아이로 키웠으면 잘 키운 거라 생각한다. 국영수 1등이 중요한 게 아니다. 반듯한 생각을 가진 아이가 되어야 한다.

가게를 하면서는 아이들과 가게에 에너지를 분산시켰다. 아이들이 우선이었지만 가게에 오면 모든 에너지를 가게로 집중시켜 소진했다.

한 개인이 가지고 있는 잠재력은 무궁무진하다고 생각한다. 잠재력은 훈련과 습관을 통해 자기 것으로 만들어 갈 수 있고 점점 키울 수 있다. 각자 다른 부분들이 있겠지만 매일 내가 하겠다고 정한 작은 것부터 순차적으로 해 나가다 보면 처음엔 미미해 보이지만 나중에 그 영향력은 아주 커진다.

물론 그렇지 않고 성공하는 사람들도 있겠지만 대부분은 하고자 하는 일에 에너지를 집중시켜야 성공할 수 있다. 우리는 한정된 에너지를 가지고 있기 때문이다. 그 에너지를 쓸데없는 데 분산시키다 보면 힘이 흩어져

버린다. 흩뿌려진 가루처럼 흩어진 힘으로는 무언가를 성취하기가 쉽지
않다.

사람들은 누구나 힘든 일을 이루고 싶어 한다. 그러려면 내가 가지고 있
는 에너지를 어떻게, 얼마만큼 집중시키느냐가 관건이다. 집중하는 정도
에 따라 나중의 내가 어떤 가치 있는 삶을 살아가게 되는지가 결정된다고
도 할 수 있다.

하고자 하는 일에 에너지를 쓸 때는 정신과 내면에 있는 모든 세포의 에
너지까지 같이 끌어내야 한다. 처음에는 힘들다. 성급하게 생각하지 말고
수년간 기본기를 갖추고 작은 것부터 에너지를 끌어모아 매진하다 보면
어느 순간 어려운 것도 척척 해내는 사람으로 변모해 있을 것이다.

원하는 것을 매일 열심히 하다 보면 나중에는 대충 해도 그게 정확하다.
초밥 장인이 대충 잡아도 밥알 개수가 일정한 것과 비슷하다고나 할까. 에
너지를 집중하는 것이 몸에 익숙해지면 성과는 기하급수적으로 커진다.

처음엔 많은 인내가 필요하다. 에너지를 집중시키는 것도 습관이다. 나
는 절박한 순간을 맞이한 적이 있었다. 너무 힘들고 어려웠지만 해내고 싶
은 심정이 나에게 있었다. 힘들었지만 마음만 고쳐먹으니 정신의 강력한
에너지가 나오는 것을 느꼈다. 그렇더라도 아침 6시부터 밤 12시까지 50
을 훌쩍 넘긴 아줌마가 서서 쉬지 않고 계속 신경 쓰며 움직인다는 것은
체력적으로 한계가 있는 일이었다. 그렇지만 나는 그 순간 무너지면 죽는

다는 걸 알았기에 매일 반복적으로 원하는 일을 해냈다. 온 정신을 반찬 만들기에 매진했다. 이러다 죽겠구나 싶을 만치 육체의 한계가 왔지만 포기하지 않고 계속했다. 결국 정신적 에너지가 육체를 능가했다.

내가 할 수 있는 작은 것부터 에너지를 집중시키다 보면 그게 습관이 되어 시간이 흐르면 최소한의 노력으로도 충분히 에너지를 집중시킬 수가 있다. 집중해 온 24년이 몸에 배어든 나는 이제 조금 수월하게 일을 할 수 있다.

짧게 짧게 보는 것이 유행인 시대다. 요즘 직장인들은 3분 이상 집중하기 어려워한다고 한다. 집중력이 도둑맞았다고 하는 책도 나온 것 같다. 무엇이든 순식간에 지나가 버리는 이 시대에 성공적인 인생을 살아가기 위해서는 집중력을 되찾아오는 것이 필요하지 않을까. 뒤돌아보니 다행스럽게도 나에겐 에너지를 집중시키는 아주 좋은 습관이 있었다.

3.

집요한 반복의 힘

어떤 사람이 되고 싶은지 생각해 보라.

나는 아이들을 지킬 수 있는 엄마가 되고 싶었다. 아이들이 꿈을 향해 날갯짓할 때 조금이라도 도와주고 싶었다. 그리고 내가 사랑하는 엄마에 게 작은 힘이나마 보태고 싶었다.

원하는 것은 공짜로 얻을 수 없다. 나는 열심히 살아야 했고 내가 잘할 수 있는 음식 장사, 식당을 하게 되었다.

처음엔 이른 아침 일어나는 게 너무너무 힘들었다. 한 시간만 더 늦출 수 있다면…. 잠결에 시간을 잘못 보기를 바랐고 아직 십 분이라도 남아 있기를 꿈꾸듯 원했다. 그러나 알람은 언제나 어김없이 그 시간에 울렸고 나는 어쩔 수 없이 일어나야 했다.

원래 늦은 시간까지 뭘 하는 걸 좋아하는 나로서는 이른 아침이 정말 힘든 시간이었다. 때론 육신이 아파 이리 뒤척, 저리 뒤척, 오늘 하루만 어떤 변명을 만들어 두뇌와 타협을 해볼까? 합리화를 시켜볼까? 악마의 속삭임에 수없이 넘어가고도 싶었다. 운명의 신이 나의 생에 왜 이런 카드를 주셨을까 원망도 해봤지만 아픈 몸을 이끌고라도 일어나야 하는 것은 피할 수 없었다. 어차피 일어나야 한다.

똑같은 시간, 똑같은 공간에서 똑같은 일을 하고 똑같은 힘겨움 속에서 어쩔 수 없이 반복되는 일상. 그렇지만 억지로라도 해야 했다. 이미 내가 결정해서 하기로 한 이상 게으름과 핑곗거리는 전혀 도움이 안 된다.

나는 성실하게 반복했다. 하고 싶어서가 아니라 다른 방법이 없었기 때문이다. 그런데 성실함이 쌓이니 인내도 쌓였다. 하루를 견디니 한 달이 지났다. 한 달이 모이니 일 년이 되었다. 그렇게 지금까지 왔다.

어느덧 24년, 한 번의 결근도 없이 지속적인 한 걸음 한 걸음이 모여 지금 여기에 나를 도달하게 만들었다. 단순한 반복의 일상들. 작은 차이가 시간을 두고 거듭되고 때론 지긋지긋했고 때론 회의감도 들고 때론 지독하게 치열하기도 했고…. 보잘것없을 것만 같았던 그 하루하루가 모이니 내가 미래라고 여겼던 결과물이 현실로 만들어져 내 앞에 놓여 있다. 나 스스로 생각해도 대견하고 감동스럽다. 무려 24년 동안의 반복이 만들어 낸 것이니…. 즉각적으로 나타나는 성과는 절대적으로 진짜가 아님을 안다.

단순하고 지루하고 힘들고 때론 고통스럽기까지 하지만 그것을 이기면서 반복하다 보면 시계를 보지 않고도 99% 나의 몸이 시계를 맞춘다. 눈을 뜨면 알람 맞춰놓은 시간이다. 그러다 보면 조금씩 수월해진다. 이것이 '반복의 힘' 아닐까. 한 방울의 물이 모여 바다를 이루듯 한 가지 일에 반복적으로 매진하다 보면 나도 모르는 사이 어떤 결과물에 도달하게 된다.

짧고 굵게, 사업에서는 한 방에 대박이란 허황된 꿈을 바랄 수도 있다. 그런 것을 무시하고 성실하게 반복하는 것은 물론 힘들다. 그러나 작은 것부터 목표를 설정해서 조금씩 조금씩 밟아나가야 한다. 작은 반복이 모이면 어느새 내가 기대하지 않았던 것까지 내 것이 되어 있다. 힘든 이유는 적응이 되지 않고 미래가 불확실하기 때문이다.

단번에 목표 지점에 도달하지 않는다고, 진척의 속도가 느리다고 포기하지 말고 하루 열심히, 한 달 열심히, 일 년 열심히 하다 보면 반은 성공한 것이다. 지속해 나가는 것이 중요하다. 그러면 벌써 몸이 성실함과 인내를 기억해서 적응하고 척척 제대로 해낸다. 거기에 꿈을 더하면 된다. 보잘것없는 하루 같지만 그 반복의 힘들이 모여 나의 꿈을 이룬다.

나의 인생은 내가 생각하고 내가 행동하고 느끼고 이루는 것이다. 우리 모두 꿈을 꿀 수 있다. 그렇다면 조금씩 성실하게 하루의 일상을 반복해 보자. 시간이 지나면 내가 원하던 미래가 반드시 나에게 도착할 것이다.

이제는 꿈만 꿀 뿐이다. 반복의 힘이 틀림없이 나를 꿈에까지 데려다 줄 것을 알기 때문이다.

반복의 힘은 나를 꿈에까지 데려다 줄 것이다.

4.

한계를 넘어보자

나는 불로 벌어먹는 사람이다. 불로 굽고 끓이고 볶고 지지고 튀긴다. 요리라는 게 원래 불이 없으면 안 된다. 때로는 붉게, 때로는 파랗게 타오르는 불이 멋지고 고맙다. 하지만 한여름 폭염에는 마음이 한결같지 않다. 안 그래도 불볕인데 주방 가스 불꽃 화력까지 더해지면 그야말로 용광로가 된다. 주방에 들어서는 순간 줄줄 흐르는 땀에 옷은 이미 축축하게 젖어 버린다. 비 오듯 쏟아지는 땀방울은 눈으로 들어가 시야를 가린다. 목에 두른 수건으로 닦아 본다지만 임시방편일 뿐이다. 눈은 계속 따끔거리고 제대로 앞을 볼 수도 없다. 고맙디고맙던 불이 원수가 되는 것은 순식간이다.

땀을 너무 많이 흘리면 온몸의 기가 빠져나가는 것 같다. 면역력도 약해지고 여러 질병에 노출될 위험도 크다. 며칠 전부터 시름시름 증상들이 있었지만 이쯤이야 하며 이를 악물고 버텨내고 있는데 유난히 더운 올여름 뜨거운 열기는 온몸을 휘감아 파고들어 증상을 더 악화시키는 데 한몫을 하는 것 같다.

오늘따라 모든 게 많아 보이는 메뉴들. 막막하다. 일주일 중 메뉴를 제일 많이 내는 날, 오늘은 토요일이다. 모든 화구의 불꽃들이 쉴 새 없이 열기를 뿜어댄다. 숨이 막힌다. 몸이 안 좋은 나는 주방 문턱을 선뜻 넘지 못하고 서 있다. 하지만 만약 내가 아프다고 빠져버리면 내 몫의 일이 다른 직원들에게 가중될 뿐이라는 것을 안다. 모두가 제자리에서 바쁘게 책임을 다해야 돌아가는 주방이고 어차피 내가 해내야 할 몫이다. 마지막 남은 책임감을 부여잡고 힘을 내보기로 한다.

해야 할 잔소리마저 마음속으로 차단하고 내가 해내야 할 음식에만 매진한다. 이런 때는 1%의 에너지라도 아껴야 한다. 누군가가 조금만 더 신경을 건드리는 일이 생기면 모든 기가 소진되면서 와르르 무너져 내릴 것만 같다. 마지막 남은 한 가닥의 신경을 붙들고 더 아프기 전에 일을 마무리하기로 단단히 마음을 먹는다.

남은 시간 5시간.
5시간만 버텨준다면 의사의 힘을 빌려 링거를 맞으며 드러누울 수 있다.

심하게 부은 편도 때문에 숨을 잘 쉴 수가 없었다. 응급조치로 등과 가슴에 몇 장의 파스를 붙였다. 이내 등과 가슴으로 따가운 땀이 흐른다. 혼미해진 정신을 조금 잡아주는 것 같다. 육체는 만신창이인 상태지만 파스로 정신을 야무지게 챙겨서인지 부어 있는 편도에 연거푸 찬물을 들이켰다. 따뜻한 물을 먹어야 하지만 도저히 넘길 수가 없다.

남은 시간 1시간.

음식을 볶던 주걱을 던져버리고 싶을 만치 한계가 왔지만 1시간 정도밖에 남지 않아서 조금만 더 견뎌보기로 했다.

내게 삶은 언제나 책임감이었다. 아프다고, 한계가 왔다고 놓아버린다면 나에게 주어진 하루를 그냥 팽개쳐 버리는 것이 될 수도 있다. 미완성인 하루를 만들기 싫었다. 매 순간순간 내가 만들어지고 있기 때문이다.

가득가득 끓여 내보낸 몇 솥의 국이 용기에 담겨 찬방으로 들어가고, 가득가득 담겨진 나물이며 수십 종 반찬이 양념에 버무려지고 보기 좋게 놓여져 포장이 완료되고, 엘리베이터가 수십 번 1, 2층을 오르내리면서 점점 비워져 가는 국솥과 반찬 담은 그릇들. 내가 마음껏 아파도 될 시간이 다가오고 있다.

마지막 직원들의 일 분담만 체크해주면 의사의 처방을 받으러 가서 실컷 아파도 된다. 누군가에게 피해를 주는 것도 아니고 누군가가 어떤 일로 나를 재촉할 수도 없는 시간이다.

일요일 오전은 내가 쉴 수 있는 시간이다. 링거를 맞고 침대에 누워 시간 가는 줄 모르고 쓰러져 있었다. 땀으로 범벅된 육체만 뒹굴 뿐 아무런 생각조차 할 수 없는 신음으로 눌린 뇌에 한 가닥 전파가 계속 움직이고 있었다.

'일요일 오전까지만 아파야 한다…. 일요일 오후에는 다가오는 월요일 메뉴 준비를 해야 한다.'

계속 나의 뇌를 두들겼다. 정말로 나는 일요일 오전까지만 맘껏 아파야 했다. 아플 수 있는 한계를 정해 놓은 시간. 달리 생각하면 서글픈 시간이기도 하지만 또 달리 생각하면 나 자신의 한계를 넘어서는 시간이기도 하다. 물론 뇌와 타협하고 싶다. 아프니 오늘은 도저히 일을 할 수 없다고, 정말 내가 힘들어서 더 이상 할 수 없다고 사정도 해보고 싶지만 우리 뇌는 대단히 영악해서 내가 조금만 더 아프다고 하면 바로 드러눕도록 만들어 버릴 것을 나는 알고 있다.

"하루쯤 쉰다고 네 인생이 변하지 않아."라는 설득에 넘어가는 순간 나는 나의 인생에서 계속 편안한 쪽을 선택할 것 같은 생각이 들었다. 우리는 때로 작은 편안함에 무너지기도 한다. 한 번, 두 번 편안함을 받아들이다 보면 나도 모르게 길들여져 힘들고 어렵고 두렵고 한계에 부딪히는 일을 만나면 침몰할 수도 있다.

아플 수 있는 한계로 정해 놓은 시간에 나의 몸을 일으켜 보려고 무던히 애를 썼다. 땀으로 범벅된 이불을 발로 걷어차고 침대에서 내려오는 시간이 매우 오래 걸렸다.

'조금만 더…, 아냐, 지금 아니면 일어날 수 없어.'

아프다고 합리화를 시키는 순간 일어날 수 없을 것 같았다.

"순간을 지배하는 자가 인생을 지배한다."라는 글귀가 떠오른다.

정해진 아픈 시간을 지나 일어나야 할 시간이 점점 다가오고 있었다. 식탁에 겨우 몸을 앉혀 밥을 꾸역꾸역 넘기기도 하고 믹스 커피와 초콜릿으로 빠른 시간에 에너지를 충전해 보기도 한다.

아플 수 있는 한계의 시간이 1시간 정도 남았다. 마지막 몸부림으로 따뜻한 물로 몸을 씻고 부어 있는 목엔 따뜻한 수돗물 줄기를 오랜 시간 쏴 주었다. 따뜻한 물로 세뇌시키는 의식이었다. '나는 다 나았다.' 부단한 노력으로 일요일 오후 훌훌 털고 아무렇지 않게 돌아가는 일상에 발을 올릴 수 있었다.

24년 이렇게 넘어선 한계들.

나 혼자의 아픔은 나 스스로 조율할 수 있지만 사람과 사람과의 잘못된 관계는 멘탈을 흔들어 버린다. 때로 대범해 보이기도 하는 성격인데 안개 낀 미래에 대해서는 아주 소심해져서 두려움에 떨 때가 많다. 지금 사정이 좋지 않을 때 행여 어떤 행위로 내가 운영하고 있는 이 모든 것이 무너질까 봐 직원들의 잘못된 행동에도 말을 하지 못했다.

상식 이하의 사람을 만났을 때는 정말 한계에 부딪힌다. 이렇게까지 참으면서 이 길을 걸어야 하나. 환멸과 한계가 목구멍까지 차올라 숨을 쉴 수가 없을 때가 허다하다. 상처받고 스트레스받고…. 한바탕 싸우고 끝내버릴까 하는 생각이 가슴 깊숙이에서부터 올라와 한계의 정점을 찍을 때도 있다. 그러면 의자에 앉아 눈을 감고 깊은 숨을 쉬어본다.

한계에 부딪힌다고 여기서 접어버리면 나의 노력과 눈물과 아픔을 증명해 보일 방법이 없었다. 내가 열심히 살았다고 한들, 누구보다 열심히 살았다고 한들 세상이 알아주는 게 아니다. 내가 아무리 힘들었다고 설명한다고 해도 아무 증명도 없이 누가 믿어줄까?

삶은 증명하는 것이라 생각한다.

어떤 역경과 부딪히는 한계를 넘어 걸어가다 보면 나를 증명할 무언가가 내게 주어진다. 한계를 만나야 나를 알 수 있다. 어디까지 할 수 있는지, 언제까지 할 수 있는지, 얼마만큼 버텨낼 수 있는지….

한계를 회피하면 두려움만 쌓인다. 20년 넘게 지나고 보니 그 두려움 또한 생각보다 크지 않다는 것을 알게 되었다. 지레 겁먹어서 두려운 것이었다. 무언가가 내 앞을 막아서더라도 주저하지 말고 피하지 말고 그냥 직면해서 부딪쳐 보자. 별것 아닌 게 참 많다.

한계 또한 마찬가지다. 여러 부분 한계들이 나의 주위를 맴돈다. 시시각각 크고 작은 뾰족한 한계들이 나를 찌르곤 한다. 그러나 부딪치고 또 부딪쳐 보면 뾰족한 한계들마저 쉽게 넘어설 수 있다.

사회는 점점 박정해지고 성장은 생각보다 더디다. 경쟁은 언제나 힘들고 우리에게는 많은 능력이 요구된다. 그러나 우리에게 다가오는 한계를 한 번 넘고 두 번 넘다 보면 그것도 자신감이 생겨 어느 순간 나 자신이 놀라운 성장을 하고 있는 것을 발견하게 된다.

인생은 한계점을 넘어서는 작업의 연속이다. 거기에 성공이 있다.

5.

배움만이 살길이다

요리를 배우고 싶다는 갈망은 언제나 가슴속에 가득했다. 요리를 좋아했지만 집에서만 해온 실력이라 내 입에는 잘 맞더라도 손님의 입에는 어떨지 궁금하기도 했고 두렵기도 했다. 맛있다고 하는 손님을 만나면 기분이 좋다가도 음식이 별로인 듯한 표정을 지은 손님이 가고 나면 자신감이 떨어져 털썩 주저앉고 싶어졌다. 음식 맛의 기준이 오로지 손님 편에 있었다.

이래서는 안 되겠다는 생각이 들었다. "흔들리지 않고 피는 꽃이 어디 있으랴"라는 도종환의 시가 있긴 하지만 오는 손님에 따라 날마다 흔들려서는 꽃이 피지도 못할 것 같았다. 나 스스로의 확신과 자신감이 필요했다.

좀 더 전문적으로 배우고 싶었다. 그런데 식당을 운영하면서 시간을 비워 무언가를 배우러 다닌다는 게 참 쉽지만은 않았다. 처음 몇 년 동안은 이리 뛰고 저리 뛰며 완전 전천후가 되어 설거지, 홀서빙, 주방 곳곳을 살피다 갑자기 비는 자리가 생기면 급히 그곳을 채우느라 전혀 짬을 낼 수가 없었다. 몇 년의 시간이 흐르고 일도 몸에 익고 직원들도 어느 정도 체계가 잡히고 나니 용역을 한두 명 구해 놓으면 일주일에 한 번, 저녁 시간 두 번 정도는 요리를 배우러 가는 시간을 낼 수가 있었다.

처음 무작정 문을 두드린 곳은 대구 수성구에 위치한 핀외식이라는 곳이었다. 이곳에는 향토 음식 전문과정을 비롯해 한식 요리, 컨설팅, 소스 개발 등 요리와 외식업에 관해 다양한 과정이 갖추어져 있었다. 소스에 따라 얼마나 많이 맛이 달라지는지, 각 지역의 향토 음식은 어떤 것이 있는지, 업장에서 실질적으로 사용 가능한 레시피는 무엇이 있는지 등 요리의 구체적인 부분에 대해서도 깊이 공부할 수 있었다.

브랜딩은 왜 하는지, 어디로 방향을 잡고 신뢰를 쌓아 가야 하며 마케팅은 어떻게 해야 하는지, 당장 파는 제품으로 소비자의 반응을 끌어내려면 어떤 디테일한 손길이 추가되어야 하는지 등 외식업 전반에 걸친 트렌드와 성공적인 운영 방법에 대해서도 배울 수 있어 주먹구구 운영을 하던 나에게 많은 도움이 되었다.

브랜딩의 정체성을 제대로 설정해야 하고 거기에 마케팅이 효과적으로 실행될 때 진짜 강한 브랜드가 만들어진다는 것을 여기서 배웠다. 2년에 걸쳐 버스를 타고 쌓아 올린 나의 노력의 시간은 결코 헛되지 않았다.

두 번째 문을 두드린 곳은 문성대 평생교육원 저녁반이었다. 교수님들의 가르침에 대한 열의가 정말 대단했다. 요리의 기본부터 소스는 물론 김치, 장아찌, 나물, 밑반찬 등에 걸쳐 식품영양학적 접근, 절임 방법, 각종 요리의 염분 관계, 간장과 된장의 베이스 이론, 소금의 특성 등도 배울 수 있었다. 원리를 알고 나니 모든 걸 응용할 수 있었다.

음식과 요리에 숨어 있는 과학적 지식도 활용할 수 있게 되니 육수를 뽑더라도 좀 더 과학적인 측면에서 뽑을 수 있게 되었다. 약간의 불 조절로도 상당한 맛의 차이를 낼 수 있다는 것도 깨닫게 되었다.

머릿속에서 수백 번 시뮬레이션해 보았던 경험과 재료에 대한 이해와 조리법 등이 만나 음식을 했을 때 비어 있는 맛을 찾아내야 고수라고 할 수 있다. 사람마다 입맛이 다르기 때문에 대중의 공감대를 형성하려면 고정관념을 버리는 것도 중요하다. 문성대 4년은 나에게 반찬가게라는 가능성의 기회를 발견하게 만든 고마운 시간이었다.

세 번째 문을 두드린 곳은 첫날부터 가슴이 두근두근했다. 사찰음식의 대가 대안스님이 계시는 금수암. 늘 뵙고 싶었던 분에게 늘 배우고 싶었던 음식을 배운다는 흥분은 쉬 가시지 않았다. 여기는 고기가 들어가지 않은 음식들로 구성되어 있다. 나는 콩으로 그렇게 많은 영양을 채울 수 있다는

깊이 있는 장이 음식의 근본이듯 원리를 알고 나니 모든 것을 응용할 수 있게 되었다.

것에 놀랐다. 더 인상 깊었던 것은 밥을 짓고 밥을 먹는 것까지 수행으로 여기는 자세였다.

사찰음식은 질병의 시대에 살고 있는 현대인들이 꼭 실천해서 먹으면 좋은 식단이다. 무엇을 어떻게 먹느냐가 몸을 살리는 데 중요한 역할을 하기 때문이다. 이곳의 음식은 자연에서 식재료를 채취해서 조리하기 때문에 현대인에게 필요한 친환경적 자연 음식이다. 빠르고 편하게 먹는 도시의 우리들에게 기다림으로 채워지는 밥상이라는 새로운 경험을 선물해 주었다.

입보다 마음으로 먼저 먹는 음식. 사찰음식은 단순한 먹거리에 그치지 않았다. 대안스님은 재료를 구하고 만드는 일부터 먹고 정리하는 일까지 모든 게 수행의 과정이라고 했다. 사찰음식의 최고 양념은 자신을 비우고 낮추는 마음을 담은 소박한 한 그릇이었다. 자연에 순응하며 삶의 이치를 깨닫는 마음의 음식이었다.

나는 사찰음식을 배우면서 절제를 배웠다.
양념도 과함보다 절제가 중요했다.
모든 절제는 우리에게 많은 영향을 준다.
음식도 절제할 수 있는 사람은 모든 것을 성공할 수 있다고 생각한다.
대안스님과의 4년의 시간은 과함보다 절제라는 소중한 가치를 배운 시간이었다.

그렇지만 나는 대중에게 사랑받는 음식을 만들어야 했다. 그래서 여러 유명한 쿠킹 클래스를 찾아가기도 하고 3시간에 3백만 원짜리 김치 수업을 듣기도 했다. 쿠킹 클래스를 찾아다닐 때는 정말 가슴이 설렜다. 새로운 환경, 선생님과의 만남, 알고 싶은 요리들. 특히 일본 가정식과 다국적 가정식을 배우면서 한식에 접목시키는 것도 재미있었다. 다양하고 고급스러운 요리에 선생님들의 정성까지 들어가니 맛이 두 배가 되곤 했다.

옛날 집집마다 김치 맛이 다 달랐던 기억이 있다. 모두 그 집안의 특색 있는 맛을 담고 있었다. 인스턴트와 손으로 하는 음식의 가장 크게 다른 점이 이런 것이 아닌가 싶다. 우리 식당에 손님들이 오게 하려면 우리 집만의 맛이 있어야 한다.

기본적으로 제공되는 레시피를 자기의 레시피로 만들어야 한다. 사람마다 설명이 다 다르고 음식마다 천차만별이기에 레시피가 우리 앞에 놓여 있다 해도 작은 1%의 팁을 찾아낼 줄 알아야 한다. 재료의 배합으로 평균적인 입맛도 파악할 줄 알아야 한다.

나는 많은 시간 배운 것이 정말 귀하게 생각되었다. 만약 여기저기 찾아다니며 배우지 않았더라면 여전히 우물 안 개구리의 모습으로 손님들의 평가에 따라 일희일비하고 있을 것이다.

배움에 돈을 아껴서는 안 된다. 지불의 대가가 끊임없이 나를 성장시킨다. 십몇 년 동안 찾아다닌 배움이 내가 반찬가게 창업을 할 때 나에게 더 뚜렷한 확신을 주었다. 내 음식에 대한 자신감도 갖게 해 주었다.

고 이건희 회장의 말대로 정말 배움에는 끝이 없다. 하루 1%의 성장이 언젠가는 99%의 능력을 가지게 해 줄 것이다. 튼튼히 멈추지 않고 배워야 한다. 배움만이 살길이다. 나의 가치를 높이는 데 온 힘을 다해야 한다.

배움만이 살길이라는 마음으로 실행했던 배움의 흔적들

6.

성공을 결정하는 디테일

음식 재료를 준비하는 전처리실은 난타 공연장을 방불케 한다. 가리고 다지고 썰고 볶고 두드리고…. 무아지경에 빠져 주걱을 휘젓고 칼로 도마를 치는 소리는 어느새 박자가 딱딱 맞아들어가며 리듬감까지 느껴진다.

한 사람, 한 사람이 매뉴얼에 따라 각자의 메뉴 준비에 정신이 없다. 매뉴얼대로 자기 역할을 구분해서 하는 것이다. 마치 지휘에 맞춰 자신이 맡은 부분을 최선을 다해 정확히 연주해내는 오케스트라와도 같다.

이들과 함께 하루 영업을 하기 위해서는 누가 휴무인지를 정확하게 체크하고 메뉴를 짜야 한다. 두 사람이 한꺼번에 휴무에 들어가는 날 손이 많이 가는 메뉴를 했다가는 온전히 해내지도 못하고 바쁘기만 하다. 그래서 메뉴를 짤 때는 100% 몰입해야 한다. 그렇지 않으면 나중에 일이 커지기도 하고 혼란스럽고 정신도 없다.

정확한 인원, 정확한 시간, 정확한 양을 가늠하고 측정해서 각 개인의 역량이 어떤지, 무엇을 잘하는지, 얼마만큼의 양을 해낼 수 있는지 확실하게 판단하고 계획해야 한다.

디테일에 강해야 이 모든 일을 제대로 할 수 있다. 대충해서는 절대 성공할 수 없다. 하나하나 처음부터 끝까지 완전히 알지 못하면 디테일은 나올 수 없다. 디테일이란 혼자만의 노력이다. 직접 해봐야 어떤 것이 필요하고 어떻게, 또 누가 하는 것이 효율적인지 알 수가 있다. 그렇게 얻어진 데이터를 토대로 역할 분담을 정확하게 명시해 주고 각자 주어진 일에 대한 책임을 명확히 해야 하며 상호 간의 의사 전달까지 확실히 되도록 해야 한다. 의사 전달이 잘못되면 2배 이상의 시간이 걸린다.

촉도 발달해야 한다. 아주 섬세한 간격과 간격을 요구하는 메뉴는 정확한 통일성을 필요로 하고 포인트를 잡아야 할 때는 확실한 포인트를 만들어주어야 하며 공을 들여야 할 때는 최고로 공을 들여야 한다. 순간을 놓치지 않는 촉이 있어야 요리도 경영도 잘할 수 있는 것 같다.

나는 1%의 디테일도 놓치지 않으려고 노력한다. 하나라도 준비가 미흡하면 아침부터 마음이 흔들리고 멘붕이 오기 때문이다. 1%의 실수가 100%의 실패를 부르는 것이라 했다. 현장에서 직원과의 정확한 소통은 아주 중요하다. 불필요한 감정을 건드려서는 안 되고 잘못했을 때는 그 잘못한 일만 간결하게 알려주어야 한다. 때로는 마음을 공감해주고, 때로는 이해해주고 마음의 리듬을 알아주는 것도 사장의 역할이다. 일이 처음이라 정말 서툰 사람도 이렇게 서로 힘을 합해서 반복하다 보면 나중에는 정말 프로가 되어 있다.

밥상 위에 오르기 전 작업 과정과 조리 과정은 섬세하고 정확해야 한다. 클레임에 걸릴 문제점이 없는지, 비어 있는 맛은 무엇이며 혹시 실수는 없는지 마지막까지 디테일을 요구해야 우리는 신뢰를 얻을 수 있다. 작은 차이가 모든 것을 바꾸기에 아무리 강조해도 지나치지 않다고 생각한다.

열두 달의 재료 준비 과정이 철저해야 열두 달 장사에 착오가 없다는 게 나의 신념이다. 그러기 위해서는 열두 달 필요한 재료를 알아야 하며 어느 계절에 어떤 식재료가 싱싱하고 저렴한지, 1월부터 12월까지 많이 나는 채소류, 해조류, 과일 등은 어떤 것이 있는지를 알고 있어야 제철음식을 메뉴로 올릴 수 있다. 재배되는 시기나 산란기 등에 의해 식재료의 영양이 풍부하기도 하고 맛도 평상시에 비해 훨씬 좋기도 하기 때문이다.

겨울철은 채소를 구하기 힘들고 매우 비싸기 때문에 여름에 많이 준비해서 건나물을 만들어 놓아야 한다. 여름이면 나물을 말리느라 손발이 항상 바쁘다. 장마철을 피해 나물을 말리는 것은 그리 쉬운 일이 아니다. 겨울철 땡초는 10만 원을 넘을 때가 많다. 여름철 저렴할 때 부지런히 말려 가루로 만들어 놓으면 겨울철 유용하게 사용할 수 있다. 박 역시 마찬가지다. 여름날 하루에 30개씩 썰어 동결시켜 놓으면 박이 나지 않는 철에 박나물을 손님에게 저렴하게 내놓을 수 있다. 생강도 그렇다. 생강 철에 하루에 한 박스씩 갈아서 냉동시켜 놓아야 마음 놓고 쓸 수가 있다. 그 철이 지나면 두 배의 가격을 주어야 한다. 겨울에 해놓을 수 있는 톳과 모제기(모자반) 또한 많이 말려 두어야 여름철 손님에게 저렴한 반찬으로 사랑받을 수 있다.

이렇게 열두 달을 철저하게 준비해야 한다. 명절 역시 마찬가지다. 어마어마한 양에 때로는 기겁하게 된다. 한 달 전부터 준비하고 메뉴의 종류에 따라 필요한 재료가 어떨 것이며 무엇부터 해야 하는지, 얼마나 해야 하는지 메모하고 체크하고 준비해야 한다. 거듭된 반복이 아니고서는 아차 하는 순간 놓칠 수 있다.

온통 머릿속에 일 년 열두 달을 생각해야 하며 열두 달 중 그 계절의 제철음식이 무엇인지 체크해야 하고 한 달을 기록해야 하며 하루를 그려야 하고 시간을 쪼개어야 한다.

오늘도 손님께 내놓을 밥상을 온통 머릿속에 그리며 바쁘게 손발을 움직인다.

7.

고객의 소리를 경영하라

"사장님, 큰일났습니다."

직원의 숨찬 소리에 벌써 뭔가 문제가 일어났다는 것을 직감했다. 급하게 나를 찾는 것은 대부분 손님과의 사이에 문제가 생긴 것이다.

20년 넘게 목민정을 운영하고 있지만 이런 상황 앞에서는 언제나 머리가 쭈뼛 서고 가슴이 답답해진다. 숱한 세월의 경험에도 불구하고 머리가 멍해지고 대처를 어떻게 해야 할지 그저 막막할 뿐이다.

목민찬방 반찬에 이물질이 들어갔다고 한다. 고객의 전화번호를 받아든 손만큼 마음도 떨리고 있었다. 고객의 마음을 상하지 않게 어떻게 대처해야 하나…. 짧은 순간이지만 만 가지 생각이 머리를 스친다.

'이해해 주실까.

아니면 도저히 이해를 못 하겠다고 하실까.

그러면 뭐라고 하지.

기분이 얼마나 나빠 있을까.

어떤 톤으로 어떤 말을 해야 할까.'

빠르게 수습하기 위해 정확한 상황을 파악하려고 나물을 다듬고 데치고 조리하고 담았던 직원들을 불러 모아 물어보았으나 직원들 역시 난감해한다. 하기야 보이지 않았으니 그렇게 했겠지…. 정말 조심시키고 또 시키지만 항상 문제는 한 개씩 일어나곤 한다.

"고객님, 안녕하세요."

자동으로 내 몸은 앞으로 숙여져 있다. 제발 이해해 줬으면 하는 마음으로 두 눈이 질끈 감겨진다. 다행히 고객께서 이해해 주어서 빠르게 보상 처리에 들어갔지만 그렇지 못한 자리도 있다. 며느리가 시어머님께 반찬을 사갔다고 생각해보자. 이렇게 클레임이 걸리면 정말 난감하다. 이럴 땐 문제가 커지기도 한다. 신속한 대처를 하긴 하지만 그것으로 해결되지 못하는 경우도 있다. 꼼꼼한 검수와 사소한 것 하나라도 체크하고 또 체크하는데도 사람이 하는 거라 불미스럽게 간혹 이런 일들이 일어나곤 한다.

이런 일이 생길 때마다 가슴이 두근거리고 진땀이 난다. 세월이 지나도 도저히 익숙해지지 않는 이런 일들, 난 이 일에 적합하지 않는 사람인가라 며 좌절하다가도 좋게 보면 매너리즘에 빠지지 않고 언제나 처음 시작할 때의 마음으로 고객을 대하고 있는 증거이지 않을까 싶어 위로가 되기도 한다.

우리는 단순히 반찬을 파는 게 아니고 소비자의 밥상을 파는 것이다. 배 송 상품이 파손되었다고 하면 빠른 보상과 교환, 환불 등 신속한 처리와 함께 고객의 마음이 어떠한지 잘 살펴야 한다. 다시 한번 직원들 조심시키 고 설명하고 고객의 소리를 반영해서 일을 개선해 나가려고 노력한다.

우리가 만약 고객의 소리에 귀를 기울이지 못하고 외면한다면 지속적인 발전은 없을 것이다. 고객의 소리에 귀를 기울여 마음까지 소통해야 한다. 그렇게 최선을 다해서 마음을 전달하고 보상하면 고객도 이해해 준다.

그러나 불만스러운 컴플레인 전화를 받을 땐 참 난감하다.
"장사가 잘된다고 배가 불렀네.
직원들이 아주 불친절하네.
뭘 물어봐도 대답을 하지 않네."

고객의 마음도 헤아려야 하고 직원 마음도 챙겨야 한다. 잘못 대응하면 더 큰 컴플레인으로 번질 수 있다. 고객의 소리를 정확하게 읽어내고 어떻게 마음이 상했는지, 왜 기분이 나빴는지 고객의 입장에 서서 그때 마음을 공감해 주고 우리의 잘못을 인정하고 사과하고 지적해 주는 것에 감사하며 모든 직원이 개선하기 위해 최선을 다해 노력해야 한다. 사과하는 마음에 진정성이 없다면 고객에게 전달되지 않는다.

패밀리레스토랑으로 유명한 O 업체가 있다. 이 업체가 국내에 들어올 때 론칭과 경영을 맡았던 J 대표에게는 불만 고객과 관련된 일화가 하나 있다.

하루는 한 매장에 대한 고객의 컴플레인이 들어왔다. 그런데 매장에서 바로 불만을 말한 것이 아니라 집에 가서 회사 홈페이지에 불만을 접수해 버린 것이었다. 온 매장이 다 알게 되었고 사태가 커졌다. 대표로서 이 불만을 해결하지 못하면 회사 전체에 치명적 타격이 있을 수도 있게 된 것이다.

먼저 해당 매장 점장이 연락해서 정중히 사과의 뜻을 전하고 그날 지불한 음식값을 환불해 드리겠다고 했다. 고객은 요지부동이었다. 물질적인 보상으로 해결될 정도가 아니었던 것이다. 실망하고 화가 난 고객의 마음은 쉽게 돌아오지 않았다.

다음날 J 대표는 해당 매장 점장과 함께 고객을 직접 방문했다. 장시간 이야기를 나누고 깊은 사과를 다시 한번 했다. 그 고객도 직접 찾아온 대표의 진정성을 받아들여 불편했던 마음을 풀었다. 그 고객은 후에 최고의 입소문을 내는 고객이 되었다고 한다.

J 대표는 매장에서 서비스나 품질에 대해 불만을 표시하는 손님이 있다면 그들이 바로 충성 고객이라고 했다. 마음에 안 들면 안 오면 되는데 애써서 지적을 해주니 충성 고객이 아니냐는 것이다. 맞는 말이다.

국내 굴지의 외국어 학원인 P 아카데미 대표였던 K 회장도 같은 맥락의 말을 한 적이 있다. 가장 경계해야 할 대상은 조용히 오지 않는 고객이라는 것이다.

불만을 이야기한다는 것은 우리 업체가 잘되기를 바라는 마음이 있는 것이다. 그런 의미에서 고객의 마음을 읽고 불만을 해소해 주는 것은 회사의 생존에 대단히 중요한 요소가 아닐까.

나는 고객의 말을 잘 들으면 자다가도 떡이 생긴다고 믿는다. 물론 막무가내 고객도 있고 무리한 요구를 하는 고객도 있다. 소위 진상도 있다. 그런데 목민정·목민찬방으로 봐서는 모두 소중한 고객이다. 나는 그들의 마음을 잘 듣고 문제를 고객 편에서 해결해 줘야 할 책임이 있는 사람이다. 나뿐만이 아니라 우리 매장 모든 직원의 책임이기도 하다.

불만을 말하는 고객에게 개선할 수 있는 기회를 준 데 대해 감사를 표현

하고 우리가 놓칠 수 있는 부분을 알려준 것에 대해서도 감사를 전달해야
한다.

고객의 소리는 목민정·목민찬방을 살리는 동력이고 지속적인 성장을
약속해 주는 보약이다.

정성 들여 맛깔스럽게 준비한 반찬들

8.

미래의 모습을 상상하라

사람이 절박하면 갈망하게 되고 갈망하면 꿈이 생긴다. 꿈이 생기면 그것을 이루기 위해 계획하고 노력하게 된다. 나의 삶에서 가장 절박했던 대상은 아이들이었다. 잘 키우고 싶었다. 잘 키우는 게 어떤 것일까 날마다 고민했다. 항상 나의 미래 모습을 상상할 때 아이들이 빠진 적이 없다. 나의 현실은 힘들었고 힘든 만큼 절박했다. 돌이켜보면 나는 성공하고 싶었고 아이들에게 그런 모습을 보여주고 싶었다. 힘든 환경에서 어떻게 하면 뭔가를 얻을 수 있는지 아이들에게 알려주고 싶었다.

나는 그때부터 내 미래의 모습을 머릿속에 상상하고 그려놓았다. 그것은 꿈을 이룬 성공한 나의 모습이었다. 그 상상의 모습을 향해 나는 한 걸음씩 한 걸음씩 걸어왔다. 내가 잊지 않고 지켜온 것들이 있다.

첫째로 나는 내 환경을 체크하고 나의 환경에 맞추어 노력했다. 나는 식당을 하면서 시스템을 갖추어야 한다는 것을 100번도 더 느끼고 있었지만 내 손에 경제적인 능력이 없었기에 구체적인 시스템을 갖추기가 힘들었다. 그래서 더욱 열심히 일해야 했다.

머릿속의 상상을 현실화시킨다는 것은 그리 쉽지 않았다. 남들보다 2배의 노력을 해야 가능한 것이었다. 나는 절박했다. 사람이 정말 절실하면 좀 더 잘할 수 있다. 절실함이 나를 더 노력하도록 이끌기 때문이다. 하지도 않고 더 좋은 상황으로 가기를 바란다는 것은 도둑놈 심보다. 노력 없이는 현실이 절대로 바뀔 수 없다는 것을 나는 알고 있다.

지인들과 직원들은 나에게 머슴처럼 일을 한다고 했다. 홀, 주방, 설거지, 생선 굽기, 음식 만들기. 식당에서 한 부분이라도 하지 못하면 안 되었기에 나는 모든 곳을 섭렵했다. 직원들이 빠지는 부분을 다 메꿀 수가 있었다.

나의 목표는 자금을 만들어 내는 것이었다. 아침 시간이 끝나면 머리는 땀으로 감은 것 같고 옷은 비에 젖은 것 같았다. 옷을 갈아입어도 금세 마찬가지였다. 경제적으로 힘들었기에 남들보다 더욱더 노력하지 않으면 안되었다. 노력만이 정답이었다. 하기 싫은 것을 해내야만 했다. 그래서 또 힘들었다.

두 번째로 나는 변화되어 가는 나를 날마다 바라보았다. 하기 싫은 것을 해내며 매번 힘을 낼 수 있었던 한 가지 이유는 성장하는 내 모습을 발견했기 때문이다. 미래 모습을 계획하고 어려움 속에서도 하나하나 실행에 옮기면서 나는 좀 더 단단해지고 좀 더 커지고 좀 더 이루어낼 수 있게 되었다. 변화된 나의 모습은 스스로 동기부여가 되어 나를 자극했다.

일 년이 지나고 삼 년이 지나고 십 년이 지나면서 나의 계획은 그다지 큰 차질 없이 이루어졌다. 어려움이 없었던 것은 아니다. 하지만 나는 힘든 순간에도 다시 계획을 세워 일어날 수 있었다. 불빛조차 보이지 않을 정도로 쏟아지는 비바람과 맞닥뜨려 세상 막막했을 때도, 한 치 앞을 알 수 없는 불안하고 힘든 나날들 속에서도 머릿속에 그려놓은 성공한 나의 모습은 지워지지 않았다.

매일 머릿속에 그렸던 나의 성공한 모습. 이 모습을 현실로 만들어 낸다면 이보다 더 멋진 삶이 있을까라는 생각. 나는 힘들 때마다 꿈을 되살리며 다시 한 걸음 나가고 다시 하루를 더 살고 하다 보니 다시 빛이 보이기 시작했다. 그 과정은 정말 쉽지 않았지만 계속 달려가고 있는 내 모습을 보면서 나는 스스로 응원하며 견디고 버텨냈다.

세 번째, 나의 땀과 시간을 기억했다. 땀으로 범벅된 옷이 추한 것은 아니다. 부끄러운 것도 아니다. 누구보다도 열심히 살고 진심으로 최선을 다

하고 있다는 증거다. 미래의 내 모습을 이루기 위해서는 땀범벅 옷 정도의 절실함은 있어야 한다. 그 속에서 더 끈질겨야 하고 계획적이어야 하고 창의적이어야 하며 행동으로 실행해야 하는 것이다.

꿈을 이루려면 승자와도 싸워야 하지만 먼저 자기 자신과의 싸움에서 승자가 되어야 한다. 남들보다 더 집중하다 보면 정말 가진 것도 적고 환경도 열악하지만 시간이 지날수록 내가 상상했던 그림들이 이루어진다. 하나하나 퍼즐이 맞추어지는 것이다.

대부분의 사람은 문제가 생기면 그때 해결하려고 한다. 그러면 문제는 해결되지 않는다. 문제라는 것은 오래전부터 그 문제의 씨앗이 누적되다가 어느 순간 포화상태가 되어 터지는 것이기 때문에 절대 단기간에 고쳐지지 않는다.

문제에 대비하기 위해서는 일단 나의 습관부터 바꾸어야 한다. 내 몸이 어떤 실력을 받아들일 준비가 되어 있는지 확인하고 차근차근 바꿔나가야 한다. 24시간이 짧은 것 같지만 알고 보면 긴 시간이다. 날마다 시간이 없는 것 같지만 사실 내게 허락된 시간은 많다. 그 시간을 어떻게 활용할 것인지 아주 구체적으로 계획하고 잘 체크하면 한 시간, 두 시간 작게만 보이던 그 시간들 덕분에 한 달, 6개월, 1년이 지나면 엄청난 차이를 낼 수 있다.

시간을 아끼고 더 효율적으로 쓰려고 고민해야 한다. 조금 늦었다고 생각되는 사람도 한 달에 남들보다 2배의 노력을 한다면 1년, 2년 시간이 지날수록 분명 만회할 수 있다. 오히려 앞설 수도 있다.

지금부터 당장 현실적으로 나의 환경에 맞추어 고민하는 게 중요하다. 왜 할 수 있는데 하지 않았을까라고 후회만 한다면 시간은 돌아오지 않는다.

성장과 성공을 위해서는 머릿속에 항상 변해가는, 변하고 싶은 나의 모습을 상상해야 한다. 물론 변화는 1년 뒤, 2년 뒤에 바로 나타나는 것은 아니다. 노력이 빛을 발하려면 남들보다 2배의 노력을 꾸준히 쏟아 넣어야 한다. 그게 10년이 되고 20년이 되면 분명 내가 그렸던 나의 모습으로 변해 있을 것이다.

변화의 시간을 단축하는 데는 앞서 성공한 사람의 경험도 필수적이다. 많은 책을 접하고 많은 사람들이 걸었던 길을 살피고 실행해야 한다. 다른 사람의 방법은 나를 자극하고 세밀하게 다듬어간다.

성공의 방법을 알고만 있는 것과 직접 그 길을 걸으며 실행에 옮기는 것은 다르다. 나의 머릿속에 그린 내 미래 모습을 실제 현실로 연결시키는 것은 바로 '나'다. 내가 그린 성공한 나의 모습에 도착하기 위해 포기하지만 않는다면 꿈은 현실이 될 것이다.

"꿈은 반짝 꾸면 꿈에 지나지 않지만

꿈을 끝까지 꾸면 반드시 현실이 된다

간절하게 절실하게 끈질기게

마음이 사무치면 꽃이 핀다"

—「꿈은 간절하게」, 박노해

9.

행복을 위한 에너지 충전

　누구에게나 일상은 항상 바쁘고 복잡하다. 가정생활, 육아, 사회생활, 사업적 업무 등 다양한 영역에서 책임량을 완수해야 하기 때문일 것이다. 뿐만 아니라 나름대로 성공의 목표치에 도달하려는 욕구도 지켜야 하니 우리에게 요구되는 에너지는 끝이 없는 것 같다.

　자영업을 하는 나는 성취감이 높은 만큼 스트레스도 심하다. 재정문제, 일정하지 못한 매출, 따라잡기조차 힘든 시대의 변화, 직원들과의 관계 등 어쩌면 모든 일상이 스트레스다. 지속적인 스트레스는 장기적으로 정신적, 육체적 건강에 좋지 않은 영향을 미치기 마련이다. 거기에 과도한 업무 시간, 고객의 불만과 컴플레인, 때때로 느끼는 실패의 두려움까지 다양한 요인들이 겹쳐 심리적으로 많은 감정들이 소모되기도 한다.

정말 초기에는 자금과 시간이 부족해 죽기 살기로 뛰는 방법밖에 없었다. 그렇게 하는 게 잘하는 것이라 생각했다. 건강을 잃기도 했고 많은 병명을 줄줄이 달아보기도 했고 병원을 찾는 시간도 많았다.

하루에 한 시간 정도면 나를 돌아보고 마음을 쉴 수 있는 여유를 마련할 수 있었는데 그것이 사치인 줄 알았다. 이른 시간이든 늦은 시간이든 잠시 짬을 내는 데는 상관이 없었는데 그저 일하는 데만 시간을 다 써야 하는 줄 알았던 것 같다. 번아웃이라고들 요즘 많이 이야기하는데 나도 정신적, 육체적으로 자주 탈진 상태에 있었다. 시간이 많이 지나고 보니 내가 일을 위해 존재하는 것이 아니고 일이 나를 위해 존재하는 것이라는 걸 깨달았다. 그래서 나를 위한 시간을 갖기로 했다. 방전되기 전에 에너지를 충전하는 시간이다.

첫 번째는 꽃을 심고 다듬는 시간이다. 하루는 머리가 너무 아파 옥상에 잠시 머리도 식힐 겸 올라갔다. 며칠 전에 사두었던 꽃나무를 시간이 없어 심지 못하고 있었다. 나는 빈 화분에 꽃나무를 심기 시작했다. 가느다란 줄기에 앙증맞은 분홍색 꽃잎들이 살랑살랑 춤을 추고 있었다. 내 마음도 같이 춤을 추었다. 채송화 같기도 한 그 꽃나무의 이름은 초화화였다.

꽃나무 심기에 얼마나 심취했는지 머리 아픈 것이 어디로 도망가 버리고 내 마음에 엔돌핀이 돌고 있었다. 노란색 수술들이 내 마음을 두드려 스트레스를 날려 버렸다. 한 줄 햇살마저 선물로 다가와 마음을 녹여주었다.

좋은 꽃들과 자주 어우러지다 보면 나도 꽃이 되어 있다. 꽃을 돌보는 시간은 두려움을 떨쳐 버리고 건강한 마음을 가질 수 있는 순간이다. 그 시간 동안 나는 엉켜 있던 실타래를 풀고 부정적인 생각을 긍정적으로 변화시킨다. 그러고 나면 정신이 맑아지고 목표가 무엇인지, 내가 무엇을 어떻게 해야 하는지 모든 것들이 명확해지기 시작한다.

머리와 마음이 방전되어 엔진이 돌아가지 않았는데 꽃 덕분에 다시 엔진 시동을 켤 수가 있었다. 현장에서 나오지 않는 차분함과 섬세함들이 차근차근 스쳐 지나가면서 나는 다시 계획을 메모하기 시작했다.

또 다른 하나는 도예 시간이다. 일주일 5시간, 오롯이 나를 위해 사용할 수 있는 이 시간이 나는 참 행복하다.

사람들의 성격에 따라 창작되는 도자기는 개인적인 사고와 표현의 흐름대로 다채로운 모양들이 펼쳐진다. 수많은 도전 과정과 시간이 필요하다. 흙과 물과 손길이 어우러져 도자기의 운명이 결정된다. 작은 사발 하나도 긴 시간을 들여 깎고 다듬고 빚어낸다. 빚어진 도자기 위에 날마다 내가 오기를 기다리는 사프란 꽃을 한 아름 그리기도 하고 가을을 빨갛게 빨갛게 그리기도 하고 소망이 이루어지기를 그리기도 한다.

그 시간 동안 긴 내면을 빚을 수 있다. 이 역시 마음에 다 풀어내지 못한 실타래를 풀어내는 시간이다. 물레를 돌리며 집중하는 삼매경의 순간이 나에겐 내일을 위한 에너지 충전의 시간이다.

운동을 좋아하는 사람은 규칙적인 운동으로 몸을 활성화시키고 스트레스를 풀어내야 한다. 명상을 좋아하는 사람은 명상으로, 산책을 좋아하는 사람은 산책으로 각자에게 맞는 코드로 에너지 충전을 하면 좋을 것이다. 시간이 없을 때는 짧게라도, 시간이 넉넉할 때는 길게 해두면 우리들의 부정적인 생각을 긍정적으로 변화시키고 작은 것에도 감사하게 되면서 행복해진다.

때로는 까마득하게 느껴지는 일들도, 어깨가 무거워 발걸음이 움직이지 않을 때도 충전해 두었던 에너지를 꺼내어 쓰면 훨씬 수월하다. 힘들다고 생각했던 일들도 더 슬기롭게 넘길 수 있다.

내가 좋아하는 꽃을 심고 도자기를 만들고 나서부터는 정신적, 육체적 스트레스가 줄어들면서 에너지 충전이 많이 되었다. 그렇게 하지 못하고 앞만 보고 달려왔을 때는 훨씬 비싼 약값을 내고 병원 신세를 져야 했다. 간간이 시간이 나면 에너지 충전하는 습관을 들여야 한다.

성공이란
부를 축적하는 것만이 아니라
나 역시 행복해야 하는 것이다.
내가 행복하다면
조금 힘든 일이더라도 꾸준히 걸으면서
결국 해낼 수 있을 것이다.

나를 조용히 돌아볼 수 있게 해주는 도자기

Part 4

인생에서 지키고
책임져야 할 것들

나의 환경, 나의 능력, 주어진 시간 안에서
작은 온기나마 누군가에게 전해진다면,
그곳에 작은 따뜻함이 있지 않을까.

1.

진심이 전하는 따뜻한 위로

'나에게 주어진 삶을 어떻게 살 것인가.'
한 번씩 하늘을 보면서 가끔 생각하게 된다.

나는 대학을 가고 싶었다. 공부도 잘했고 가서 잘할 자신도 있었다. 하지만 이미 엄마의 형편을 알았기에 더 이상 해줄 수 없다는 것을 알면서 바란다는 것은 잔인해 보여 스스로 사회에 발을 디뎌보기로 결심했다. 우리 형제에게 헌신적인 엄마에게 조금이라도 부끄럽지 않게 살아보기로 결심하고 사회생활을 정말 열심히 했다. 이것도 나에게 주어진 삶이었다.

첫아이를 임신했을 때 시아버님께서 후두가 좋지 않아서 병원에 입원하셨다. 다른 가족들도 최선을 다했지만 남편이 도맡아 병간호를 했고 나는 매일 죽을 끓여 드렸다. 서투르지만 최선을 다해 끓였다. 그때 끓여보지 않은 죽이 없는 것 같다. 땅콩죽, 녹두죽, 전복죽, 야채죽….

그런 정성에도 야속하게 아버님의 병은 더욱 악화되어 코에도 목에도 호스를 끼우고 계셔야 했다. 남편이 호스를 통해 주사기로 죽을 넣어 드려야 했기에 더 곱고 묽게 끓여야 했다.

입덧이 심했던 나에게 이 일도 쉬운 일이 아니었다. 하지만 사경을 헤매고 계시는 아버님을 위해 매일 죽을 끓여 병원을 방문하는 것 외엔 내가 할 수 있는 일은 없었기에 간절한 마음으로 날마다 날마다 죽 병을 들고 병원을 찾았다.

죽 병을 들고 병원에 들르면 아버님은 내 차가운 손을 살포시 잡았다. 거친 숨소리와 희미한 눈빛, 그렇지만 따뜻함이 느껴지는 눈빛이었다. 고통받는 환자로서 더 이상 표현할 수 없는 마지막 표현인 것이다. 그 손길이 나의 오장육부를 지나 태아한테까지 전달되는 것 같았다. 따뜻했지만 슬프기 그지없는 그 손길, 지금도 아버님을 떠올리면 그 느낌이 내 손을 감싼다.

바로 전까지만 해도 훤칠한 키에 하얀 양복을 입고 하얀 백구두를 신고 바람에 날릴까 단정하게 머리를 빗어 넘긴 세련된 스타일로 길을 나서던 아버님이었다. 언제나 신문지에 붓글씨 연습으로 방 곳곳 먹물 자국이 꽃을 피우기도 했다. 동네 많은 분들이 어려운 일을 의논하고자 집을 방문했다.

이젠 아무런 소통도 할 수 없이 고요히 누워만 계신다. 누군가의 보살핌이 없으면 안 되는 마지막 모습. 얼마나 고통스럽고 무서우셨을까…. 나는 아버님과 시간을 많이 같이한 사람은 아니지만 아버님은 언제나 나에게 인자함으로 대해 주셨다.

술을 좋아하시는 시어머님 몸 보신시킨다고 항상 잉어며 좋은 약재들을 구해 오신 아버님이었다. 시모의 몸을 보호해야 된다며 술을 한 방울도 하지 않으시던 아버님은 술 드신 날이 더 많은 어머님을 참 귀히 여기셨다.

죽음의 근처에서 보호자가 된다는 것은 힘들고 막막하고 쉽지가 않았다. 어떻게 받아들여야 하며 현재 어떻게 되어가는 것인지를 잘 모르기에 의사 선생님의 말 한마디 한마디를 잘 따라야 하는 것뿐이다.

보호자가 해줄 수 있는 것은 식사를 좀 더 따뜻하게 준비한다든지 아니면 그냥 곁에서 수발을 하는 것 외엔 달리 할 게 없다. 그때 남편은 얼마나 수발을 잘했는지 그 병동의 수간호사로 불렸다. 보호자들이 간호사가 눈에 보이지 않으면 남편을 찾곤 했을 정도였다.

그때 내가 해드릴 수 있는 것은 곱게 갈아 만든 묽은 죽뿐이었다. 조금 힘은 들었지만 작은 손길이나마 보태고 싶었다.

날이 갈수록 아버님의 숨결은 더욱 거칠고 약해져 갔다. 의식 없이 힘들어하시는 모습을 바라보는 남은 사람들의 무력감은 가슴을 에는 통증으로 남았다. 점점 아버님은 저물어 가셨다. 마지막 임종을 맞이하며 남편은 울고 있었다. 유품과 머리카락을 봉투에 넣어 간직하는 것을 보면서 더 이상 아무 말을 할 수가 없었다. 내 손을 잡으실 때의 따뜻한 손길만 남기시고 아버님은 그렇게 우리를 떠나셨다.

지금은 좋은 곳에 계실 아버님, 연약했지만 아버님을 향한 우리 마음을 받아주셨으리라 믿는다. 아버님 덕분에 오늘의 우리가 있다는 것, 잊지 않으리라 다짐하며 하늘을 본다.

2.

지혜로운 동행

몇 년의 시간이 흐르고 형님이 모시던 시어머님이 7남매 막내인 우리 집에 온다고 했다. 형님에게 사정이 조금 있었기 때문에 그런 것 같았다.

그 이야기를 듣는 순간 가슴이 답답해졌다. 장사를 하는 나로서는 형님처럼 모실 자신이 없었다. 곧 닥쳐올 일들이 눈앞에 그려지기 시작하자 앞이 캄캄했다. 지금 상황도 힘든데 어머님마저 오시면 어떻게 대처해야 할지…. 커다란 부담감으로 한숨만 자꾸 쉬어졌다.

우리는 며느리와 시어머니 사이다. 고부간이라는 말은 다양한 이야기와 언론, 책 속에서, 때로는 드라마 속에서 많이 접하고 들었다. 존엄한 인격체이기 이전에 보살펴드려야 한다는 게 부담스러운 것이었다.

우리 집에 오신 첫날부터 나와 어머님의 생각 사이에는 상당한 차이가 있음을 깨달았다. 어머님은 내가 아침밥을 같이 먹어야 한다는 것이었고 나는 그 시간에 맞춰 밥을 먹으면 장사 시간을 맞출 수가 없으니 어머님 혼자 먼저 드시라는 것이었다. 그래야 나도 마음 편히 영업 준비를 할 수 있기 때문이었다. 그 일로 어머님은 며칠 동안 삐쳐 계셨다. 내 마음도 삐쳐 있었다.

이야기를 들어보면 어머님은 무남독녀로 곱게 자랐고 아버님 또한 어머님께 극진하셨다. 모든 게 어머님 위주로 돌아가는 것 같았다. 그러다 우리 집에서 혼자 식사를 하라고 하니 어머님은 외로움을 토로했다. 나는 나대로 힘듦을 마음속으로 토로했다.

앞으로 같이 살아야 하는데 난감한 일 아닌가 싶어 술을 한잔 들고 어머님 방문을 노크했다. 아직 나의 일과를 잘 모르셔서 그럴 수 있다고 생각했다. 술 한잔을 드리면서 나의 일과를 상세히 말씀드렸다. 그리고 나도 어머님과 아침밥을 같이 먹고 싶지만 형편이 그렇게 되지 않는다고 솔직히 말씀드렸다. 어머님은 이해한다는 듯 고개를 끄덕였다.

혼란의 밤이 지나가고 이른 아침 커피 한잔과 마주했다. 커튼 사이 창밖은 캄캄했다. 창 너머 건물의 불빛들이 하나둘 아침을 깨우고 있었다. 어둠을 뚫고 희망을 켜는 나와 같은 엄마들의 숨결일 것이다.

남편의 출근길을 챙기고,

아이들의 학교길을 챙기고….

젊은 청춘을 가족들에게 다 내어준 엄마들.

이 수많은 불빛들이 세상을 밝히는 데 어머님들의 마음과 손길이 얼마나 많이 움직였을까. 아마 우리 어머님도 젊은 날을 온전히 가족들에게 바치셨겠지…. 이제 힘없는 보살핌의 대상이 되었다고, 보살피기 힘들다고 귀찮은 존재로 여겨지고 있다는 것을 느끼면 얼마나 서럽고 슬플까?

커피 한잔에 많은 생각을 정리하게 되었다. 한 번 맞춰 살아보기로 했다. 이 역시 나에게 주어진 삶일 테니 말이다.

어머님은 좋은 점이 많았다. 구시렁거리는 나를 미워하지 않았다. 잔소리도 없었다. 순수한 아이 같았다. 나 힘들다고 어머님을 요양원에 보내는 것은 내 양심상 허락이 되지 않아 내가 할 수 있는 만큼 하기로 결심했다. 그러고 나니 마음이 너무 편했다. 하늘나라에서 멋쟁이 아버님이 보고 계시는 것 같기도 했다.

너무 잘하려고 가식을 얹다 보면 오히려 내가 지칠 것 같았다. 누가 뭐라 해도 내 힘껏, 서운하면 서운한 대로, 마음에 들어 하지 않으면 다음에 좀 더 잘하기로 하고 너무 애쓰지 않으니 함께한다는 게 그리 어렵지가 않았다.

유난히 술을 좋아하셨고

베지밀을 좋아하셨고

담배도 좋아하셨고

소녀처럼 꽃도 좋아하시던 어머님.

나는 시간이 날 때마다 이름 모를 꽃을 한 아름 꺾어서 어머님 방에 꽂아 드렸다.

술을 드시지 않은 날, 하얀 모시적삼을 다려 입으시고 곱게 빗은 머리에 비녀를 꽂고 계시는 어머님은 세상 어여쁜 소녀 같았다. 어머님도 하얗게 핀 목화꽃처럼 어여쁜 젊은 시절이 있었을 것이다. 삶의 무게에 퇴색되어 버린 젊음. 시간이 흘러 꽃이 진 자리엔 주름만 남아 인생의 여정을 말하고 있다.

그런데 술을 드신 날이면 나를 힘들게 했다. 나는 그럴 때마다 나의 뇌를 세뇌시켜야 했다. 우린 가족이라고…. 그런데 아이들과 남편은 달랐다. 이미 가족이었다.

큰아들 녀석은 축구 시합을 가는 지역마다 그 지역의 술을 사와서 할머니께 드렸고 외국에 나갈 때도 마찬가지였다. 겨울철 숙소에서 집으로 돌아오는 날이면 항상 할머니가 좋아하시는 붕어빵이 손에 들려 있었다. 할머니가 추울까 창문을 단속하기도 했다.

딸아이 역시 마찬가지였다. 어느 날 술을 드시고 계단에서 넘어진 어머님은 병원에 다녀와서 움직이지 못하고 누워 계셨는데 하루는 내가 조금 바빠서 늦게 올라가서 보니, 초등학생이던 딸아이가 할머니께 엉덩이를 조금 더 들어 올리라 하면서 기저귀를 갈아드리고 있었다. 한 번에 들지 못했는지 두 사람은 큰일을 끝낸 것처럼 하하, 호호 웃었다. 그러다 딸은 할머니 옆에 누워 종달새처럼 지저귀어댔다.

작은아들 녀석은 몇 번씩 계속되는 할머니 심부름에도 항상 "네"라고 대답하며 군소리 한 번 없이 시키는 일들을 잘 해냈다.

남편 또한 어머님을 씻겨드리고 닦아드렸다. 내가 어머님 기저귀 갈아드리고 있을 때면 코에서 냄새가 하나도 나지 않는다고 하기도 했다. 계속 누워만 계시면 욕창이 생긴다고 때마다 술 한잔과 맛있는 간식을 방문 끝에 두어 어머님을 억지로라도 움직이게 만들었다. 조금이라도 운동을 하셔야 한다면서….

나는 이런 가족의 모습을 보면서 마음 공부를 많이 하게 되었다.

어머님은 가끔 당당한 목소리로 나를 불러 앉히셨다. 그러고는 빨간 주머니에서 꼬깃꼬깃 접은 용돈을 손에 살며시 쥐어주신다. 맛난 것 사먹으란다. 아마 시누이들이 주고 간 용돈인 모양이었다. 어머님만의 사랑 표현이었다. 자신의 모든 것을 주신 것이다. 나는 그렇게 어머님의 **빨간** 주머니에서 가끔 용돈을 받기도 했다.

형님께서 다시 사업에 재기하셔서 어머님을 모시러 왔다. 그런데 형님 집에 가신 지 23일 만에 어머님은 세상을 떠나셨다. 몇 해 동안 잘한 것은 하나도 생각나지 않고 잘못한 것만 생각이 나서 너무 죄스럽고 가슴이 쓰렸다.

우리와 함께 웃고 울어주신 어머님, 가족이라는 의미를 새롭게 알게 해주신 우리 어머님.

지금도 그때의 추억이 떠오를 때면 꼬깃꼬깃 접은 어머님의 사랑이 가슴속에 스며든다.

3.

꽃이 내게 준 선물

한여름 들이나 산에 가면 보라색 자그마한 꽃이 여기저기 피어 있는 것을 볼 수 있다. 잎이 큰 민들레 같기도 하고 국화 같기도 하다. 엉겅퀴다. 이름이 괴상해서 별로 정이 가지는 않지만 피를 잘 엉기게 한다고 해서 붙은 이름이라고 한다. 실제로 옛날 어른들은 엉겅퀴 잎을 찧어서 상처에 붙여서 지혈을 하기도 했다.

썩 예쁘지도 않고 눈에 잘 띄지도 않는다. 그래서인지 엉겅퀴 꽃의 꽃말은 고독이다. 수많은 사람들이 지나다녀도 별로 관심을 기울이지 않는 꽃. 그런 사정을 알고 보면 드넓은 들판에 헤아릴 수 없는 풀과 나무와 꽃들과 함께 피어 있지만 정말 고독해 보이는 듯하다.

사람도 근본적으로 고독한 존재일까. 주변에 아무리 많은 지인이 있어

때로 나를 위로하고 응원해 주는 꽃들

도 꺼내지 못하는 말과 남모를 아픔과 고민이 있다. 진정한 친구나 가족이 있다고 해도 **바빠서**, 혹은 그들도 힘들어서 좀처럼 시간을 함께하기가 쉽지 않다. 함부로 말했다가 또 다른 관계에 얽히면서 스트레스를 받을 수도 있고 나의 허물을 **털어놓는** 것 자체가 괜스레 부끄럽기도 해서 마음을 열기란 쉽지가 **않다.**

유년 시절부터 나는 꽃을 참 좋아했다. 항상 바보처럼 그 자리에 서 있는 나를 닮은 것 같기도 하고 꽃만 보면 괜히 기분이 좋아지고 마음이 평온해졌다. 아름답기까지 하니 좋아하지 않을 수 없었다. 마음이 시릴 때는 나를 따뜻하게 위로하고 끝없이 무너지는 좌절의 순간에는 함박웃음으로 나를 응원해 주는 듯하다.

꽃 덕분에 다시 힘을 내고 역경을 이겨내는 게 한두 번은 아니다. 남몰래 펑펑 울고 싶을 때는 마음껏 울라고 어깨를 조용히 토닥여 주는 것 같다. 다 울고 눈물을 훔치면 개운하고 새 힘이 난다. 괜히 주변에 얼굴을 붉히지 않아도 된다.

작은 담벼락 밑 작은 **화단에** 꽃밭을 만들려고 무던히 애를 썼다. 마사를 깔고 거름을 얹고 섬백리향을 100포기 정도 심었다. 올해는 그 녀석들을 한참 동안 볼 수 있어서 **행복했다.** 큰집에서 분홍색 낮달맞이꽃 한 포기를 얻어와서 **귀퉁이에** 심었는데 3년이 지나니 이 녀석들이 화단 반을 점령해

꽃을 피우고 시작했다. 섬백리향이 꽃을 다 피우고 나니 약속이나 한 듯 분홍색 낮달맞이꽃이 화사하게 피어나며 은은한 향기까지 뿜어낸다. 흔들리며 바람 앞에 어엿한 자세로 행복한 모습이다.

자연은 그들만의 질서를 지키며 또 그렇게 잘 어울려 꽃을 피운다.

자연의 순리.

사람들도 이 꽃들처럼 잘 어울려 살았으면 좋겠다.

화려한 치장에도 으쓱댐이 없다.

사람에게 많은 것을 나눠 주고도 말하지 않는다.

어느 누가 다가와도 변하지 않는 모습.

그래서 상처 난 가슴도 보여주고 찢어진 영혼도 그들 앞에선 보여줄 수 있다.

봄비가 내리는 5월이면 가끔 우비를 입고 몇 시간씩 우비 위에 투두둑 투두둑 떨어지는 봄비 음률을 느끼곤 한다. 때론 꽃 모종을 하기도 하고 때론 작은 풀을 뽑기도 한다. 그러면서 내 마음의 욕심도 미움도 분노도 뽑아본다. 그 자리에 따뜻한 사랑과 양보와 겸손을 채워보려고 다시 옷깃을 여미어 본다. 빗방울이 꽃잎에 떨어지면 그 떨림만으로도 영혼이 자유롭다. 잠시 삶의 무게도 내려놓아 본다.

꽃향기가 바람에 은은하게 번진다.

옥상 한 귀퉁이에 빈 화분들이 가득 쌓여있다. 남들이 보기엔 그냥 빈 화분이지만 나는 알고 있다. 힘든 날 그 장소 그곳에서 힘든 내 마음을 붙잡으려고 얼마나, 많은 시도를 했는지 빈 화분이 말을 해준다.

꽃은 다 예쁘다.

이 꽃, 저 꽃, 풀꽃까지 다 예쁘다.

꽃은 사람의 영혼을 치유하는 커다란 힘을 가지고 있다.

그 치유로 인해 허물어져 가는 뜻을 다시 세워보기도 한다.

하던 일을 바보처럼 꾸준히 하게 만든다.

참 고마운 녀석이다.

뜨거운 여름이 지나고 가을 겨울을 돌아

다시 봄이 오면

나는 설레는 마음으로

그 녀석들을 또다시 기다릴 것이다.

4.

세 아이의 엄마는 기도 중

나는 세 아이의 엄마다.

세 아이를 키우다 보면 나도 모르게 두 손을 모으고 기도를 하게 된다. 기도를 할 때마다 엄마 생각이 난다. 어릴 적 배가 아프면 거친 손으로 내 배를 만져주던 엄마 손길이 떠오른다.

엄마 손은 약손이다….

엄마 손은 약손이다….

마디 굵은 손으로 배를 어루만지는 것뿐인데 신기하게도 싸르르했던 아 픔이 사라지곤 했다. 엄마의 손을 타고 전달되는 사랑과 정성이 아마 약효 를 발휘하는 것 아닐까. 내가 무슨 일을 앞두고 있을 때면 아무도 없는 시간에 당산나무 아래 정화수를 떠놓고 빌고 또 빌던 엄마. 그 마음을 세 아이를 낳고 아이들을 위해 애절히 기도하고서야 알 것 같았다.

세상에 나를 위해 빌어주던 단 한 사람, 언제나 내 편이 되어주던 단 한 사람, 그 이름은 엄마였다. 그런 엄마의 모습이 머릿속에 너무도 깊이 각인되어 나는 단 한 번도 비뚤어질 생각을 하지 않았다.

간절한 기도의 힘은 정말 강하고 위대하다. 정성이 지극하면 하늘도 감동한다는데, 엄마의 기도에는 하늘도 가만 있지 않고 분명 움직이는 것 같다. 아이들이 다치거나 열이 날 때 병원으로 향하는 차 속에서 나도 모르게 하느님, 부처님을 찾으며 우리 아이 낫게 해달라는 기도가 나온다. 뚜렷한 종교를 가진 것은 아니지만 나약한 인간이다 보니 급한 상황이 닥치면 자동으로 가슴에 두 손이 모아진다.

이제는 다 큰 아이들을 보며 전해주고 싶은 인생의 지혜를 담아 다시 기도를 시작한다.

우리 집안 버팀목 큰아들.

무얼 해도 성공할 큰아들.

네가 꿈을 그리며 도전했던 선수 생활이 결국 원하는 곳에 선택받지 못해 끝나던 날, 너는 세상이 무너지는 것처럼 슬퍼했지.

나는 차마 얼굴을 마주하지 못해 차를 타고 아무도 다니지 않는 한적한 곳을 찾아 목 놓아 울면서 간절히 기도했다.

이 아이가 인생에서 처음으로 넘어졌습니다.

하늘이 무너지는 것처럼 아파하고 있습니다.

이 슬픔과 아픔을 이겨내고 다시 도전할 수 있는 용기를 주십시오.

먼 길을 돌고 돌아 또 다른 길을 찾았을 때 이 아픔이 튼튼한 근육이 되게 해 주십시오.

끊어질 것 같은 창자를 품은 가슴이 도저히 진정되지 않아 늦은 밤이 되어서야 겨우 집으로 돌아올 수 있었다.

네가 슬퍼하고 아파할 때 내가 할 수 있는 것은 먼발치에서 마음으로 너를 위해 기도하는 것밖에 없었다. 그것은 부모이기에 느껴야만 하는 또 하나의 안타까움이었지.

정말 먼 길을 돌고 돌아 이제 너는 축구 선수가 아닌 외식업체를 경영하는 어엿한 어른이 되었다. 기도하는 마음으로 내 마음을 전해본다.

아들아.

마음이 급하겠지만 너무 서두르지 말고 차근차근 계단을 밟아 올라가길 바란다.

바쁘다는 핑계로 건강을 소홀히 하지 않기를 마음 간절히 바란다.

재물은 가지고 싶다고 내 곁에 오는 게 아니기 때문에…,

내가 진솔하게 잘 살다 보면 내 곁에 머무는 게 재물이기 때문에….

성공에만 얽매이지 말고 순간순간 행복을 느끼면서 살았으면 좋겠구나.

고맙고 감사하다.

남다르게 애틋한 둘째.

둘째 너를 해양대학에 보내고서 돌아오는 길에 영도 바다를 바라보며 하염없이 눈물을 흘렸다. 너를 바닷가에 버리고 오는 것 같은 느낌이었다.

항상 우등생이던 너를 더 뒷바라지해주지 못했다는 죄책감에 마음이 찢어지는 것 같았다. 전교 1, 2등을 놓치지 않아 큰 꿈을 꿀 수 있었던 네가 고등학교 때 아빠가 아픈 관계로 가정형편을 생각했는지 많은 고민에 빠졌던 모습을 나는 보았다.

엄마가 힘들다고 청소며 빨래며 다 해놓고 장사가 주춤한 날이면 내 곁을 뱅뱅 돌기도 하던 둘째.

밤 12시에야 너는 학교 정문에서 나오곤 했지. 장사를 끝내고 나는 너를 기다리는 차 안에서 많은 기도 시간을 가졌다.

이 아이가 가정형편을 생각지 말고 공부에만 전념하게 해 주십시오.

아이의 재능이 가정 환경 때문에 꺾이지 않게 해 주십시오.

유독 밤을 무서워하던 나였지만 엄마였기에 밤 12시에도 학교 정문에서 기다릴 수 있었다. S대를 생각했던 나 역시 대학 서열 중심의 사회 인식에서 벗어나지 못하고 너를, 나를 힘들게 했던 것은 아닐까.

너의 선택이 후회 없기를 마음을 모아 기도했다.

청년 실업이 극심하고 희망도 없고 불공정하다고도 하는 시대에도 차근차근 터널을 헤쳐 나가 마침내 당당한 사회의 일원이 되어 세상에 멋지게 기여하고 있는 건강한 네가 자랑스럽다.

칭찬에 의존하지 않고 내적 가치가 튼튼한 청년이 되길 기도해 본다.

감사하고 또 감사하다.

사랑하는 막내딸.

네가 고등학교 때 친구와 관점의 차이로 괴로워할 때 너 못지않게 나도 마음이 힘들었다. 매일 너의 얼굴 표정과 말투를 살피고 혹시 학교에서 친구들과 안 좋은 일은 없었는지 차마 물어보지도 못하고 답답한 마음에 방문 앞을 서성거리기를 백만 번은 했을 거다.

네가 웃을 때 이유도 모르고 따라 웃었다. 부모는 자식 얼굴에 웃음꽃이 필 때처럼 행복한 순간이 없으니까. 아무 일 없다는 증거니까. 이제 안심해도 되는 거니까. 그 웃음 한 번 보려고 방문 앞을 똥 마려운 강아지처럼 맴돌고 맴돌았으리라.

사랑하는 딸아,

학교 성적, 친구들 사이에서의 인기,

이런 것들이 너 자신을 정의하는 기준이 되지 않기를 기도했어.

때론 부족하지만 자신을 잘 받아들이고

그 부족한 점까지 자신을 사랑하는 아이가 되길 기도했어.

미래의 희망을 꿈꾸며 혈혈단신 혼자서 너보다 커 보이는 가방을 끌고 프랑스로 떠나던 날. 당연히 새로운 것을 배우고 성장해야 한다는 걸 알면서도 새로운 이별을 받아들이기는 쉬운 일이 아니었다.

"달님, 별님, 저 대신 우리 아이를 무사히 지켜주십시오."

이별 위에 놓인 기도였다.

까만 밤, 차가운 공기가 온몸을 감돌아도 두 손 모은 엄마의 기도는 간절했지.

프랑스에 있는 동안 하루도 빠짐없이 안부를 물었고 대학교 기숙사에서 나와 오피스텔에 들어갔을 때는 현관문은 잘 잠기는지, 밖에서 열어도 완전히 열리지 않는 잠금장치는 되어 있는지 확인했었지. 늦은 밤 전화를 받지 않으면 경비실까지 전화를 해서 극성을 부렸던 시간들…. 이제 그런 소리 하면 다 큰 성인에게 쓸데없는 잔소리 하는 것으로밖에 들리지 않을 만큼 너는 커버렸다.

내가 아파 입원하던 날, 모든 것을 팽개치고 달려와서 친구가 되어주겠다며 일은 그만해라, 먹고 싶은 것은 없냐며 물어보던 너의 모습에서 나의 염려들이 너의 염려가 되어가고 있음을 깨닫고 세월의 덧없음에 내가 작아짐을 느꼈다. 그러나 어느새 내가 의지해도 될 만큼 다 자란 너의 모습이 대견하고 고맙다는 생각도 들었다.

　어려운 세상이지만 환경을 탓하지 않고 실력을 키워 당당하게 사회의 구성원으로서 필요한 존재가 되어 발을 내딛는구나. 타인을 무시하지 않고 향기 나는 사람이 되길 기도해 본다.

　사랑하는 아이들아.

　아주 긴 인생을 살지는 않았지만

　사는 게 항상 좋은 일만 있는 게 아니더구나.

　때론 잘나가다가도 넘어지기도 하고

　순탄한 것 같아도 힘든 굴곡들도 많더구나.

　갑자기 코로나 시대가 오는가 하면

　비대면 시대에 우리의 삶의 방식을 어떻게 바꾸며 받아들여야 할지

　당황하기도 하고 힘들기도 했지.

　때로는 우리가 원하지 않아도 또 다른 세상이 우리 앞에 오기도 했고

　가지고 있는 작은 소양분으로도 또 다른 세상을 맞이하여 이겨내야 하기도 했고….

이런 순간들이 너희에게 닥친다고 해도 차근차근 슬기롭고 지혜롭게 대처하면서 꿋꿋했으면 하고 간절한 마음으로 기도해 본다.

부질없는 일에 너무 마음 쓰지 말고 가벼이 여기고

불우한 사람을 보거든 외면하지 않았으면 좋겠다.

시간을 내어 가을 산 단풍꽃이 피면 가족들과 손잡고 구경도 가고

봄이 되면 오솔길을 걸으며 맑은 물에 마음도 풀어 놓고….

무엇보다 목숨 걸고 너희 자식을 키워보아라.

얼마나 소중한지….

우리 역시 목숨 걸고 너희를 키웠단다.

사회에서 잘나간다고 배우자를 무시하지 말고

사업이 잘된다고 가정을 소홀히 하지 말아라.

따뜻한 가정의 아이는 언제나 따뜻한 마음을 가지며

사랑받고 자란 아이는 순간 방황한다 해도 절벽까지 가지 않고 돌아온단다.

사랑은 그만큼 큰 위력을 가지고 있더라.

그러므로 사회가 밝아지는 데 보탬이 된단다.

엄마의 기도가 얼마나 큰 위력이 있는지를 내가 간절하고서야 알게 되었다.

엄마였기에 무척이나 행복했다.

누군가를 위해 기도한다는 것은 사랑하는 사람을 지키고 싶은 마음이다.

가족은 지키는 것이고 책임지는 것이라고 생각한다.

우리는 지금까지 그래왔던 것처럼 앞으로도 기도로 연결되어 있을 거야.

그러니 걱정 말고 너희의 꿈을 마음껏 펼쳐보기를 바란다.

고맙고 사랑한다.

우리 엄마가 당산나무 밑에서 나를 위해 빌던 마음으로 나는 아이들을 위해 오늘도 빈다.

5.

작은 온기

그해 여름 장맛비는 유독 그칠 줄 모르고 땅에 구멍이 날 정도로 두들겨 때리듯 내렸다. 하루하루를 살아가는 사람들은 빗방울의 굵기만큼이나 가슴에 근심이 굵어지는 것 같았다. 장맛비가 하루 그치는 날이면 바삐 움직인 발걸음만큼이나 할머니의 리어카엔 박스가 할머니 키보다 높이 쌓여 있었다.

또다시 퍼붓기 시작한 장맛비에 작은 체구의 할머니는 비닐을 연신 펼쳐 넘겨 박스를 덮으려 했지만 빗줄기에 붙어버린 비닐은 꼼짝을 하지 않았다. 나는 그냥 보고만 있어서는 안 되겠다는 생각이 들어 뛰었다. 우리 주방 뒷문에서 리어카까지는 불과 몇 초 거리인데 뛰어가는 사이에 내 옷도 흠뻑 젖을 정도로 비는 쏟아붓고 있었다.

"할머니, 비닐 끝을 잡으세요."

세워놓은 막대를 이용해서 겨우 비닐을 박스 저쪽까지 넘기고서야 할머니 숙제는 끝이 났다.

"감기 들겠어요. 얼른 들어가세요."

"아이고, 우리 사장, 미안하네. 이놈의 웬수 같은 비, 언제 끝날는지."

할머니는 혀를 끌끌 차면서 장맛비에 쫓겨 검은색 대문으로 들어갔다. 장마로 인해 비닐을 덮은 높은 박스 더미는 한동안 그 자리에 할머니의 걱정거리로 남아 있었다. 때론 일상을 마비시키던 장마도 후덥지근한 여름도 살랑살랑 불어오는 가을바람에 밀려 어디론가 가 버리고 가을바람만큼이나 할머니의 발걸음도 가볍게 바삐 움직였다. 리어카의 박스 더미는 연일 차곡차곡 쌓여 갔고 언제부터인지 나는 리어카에 밧줄 묶는 파트너가 되어 있었다.

콩나물 통에 심은 국화꽃이 떨어질 때면 언제나 찾아오는 차가운 겨울이 할머니에게 또 다른 걱정거리를 안기며 등장한다. 시린 공기만큼이나 할머니의 낯빛도 어두웠다. 전기세며 가스비며 이런 겨울이 제일 싫다며 전기세가 많이 나올까 봐 제일 좋아하는 가요무대도 못 본다고 무거운 마음을 털어놓기도 했다.

가끔 야채 손질을 하는 우리 곁에 앉아서 지난 세월의 덧없음을 가락으로 풀어낼 때도 있을 만큼 흥이 많은 할머니였다. 우리도 덩달아 신이 났던 기억이 있다. 그러니 얼마나 가요무대가 보고 싶었을까. 가끔은 할머니에게 고추며 야채를 다듬어 달라고 부탁해서 전기세며 가스 요금은 해결하고 가요 프로 정도는 마음 놓고 볼 수 있게 해드리고 싶었다. 간간이 그렇게 했지만 할머니의 박스 사랑은 여전했다.

이른 아침 우리가 출근하기도 전에 할머니의 리어카엔 박스가 실려 있었고 때론 전기세를 아끼겠다고 달빛을 모아 일을 한다고 했다. 오늘도 어김없이 빈 수레를 끌고 오는 할머니의 모습은 힘겹게만 보였다.
"벌써 고물상에 박스 넘기고 오시는 거예요?"
"리어카 빌려오는 거지."

할머니의 한숨이 리어카 가득 실려 있었다. 리어카가 없어서 이른 아침 먼 거리 4차선을 겨울 차가운 바람을 가르며 고물상에서 리어카를 빌려와서 다 끝나면 다시 갖다준다고 했다. 할머니의 말들이 왜 내 가슴을 무겁게 하는지….

할머니가 이른 아침 빈 리어카를 끌고 올 때면 생기는 작은 죄책감은 무엇일까. 나는 세상과 더불어 살아가는 사람일까? 함께 한걸음 발을 딛는 사람인지 내게 자문하게 되었다.

함께 간다는 것,

위대하지 않아도

세상에 울려 퍼지는 큰 울림이 아니더라도

지렁이가 꾸물꾸물 지구를 살리듯

나의 작은 온기가 누군가에게 작은 위로라도 된다면….

그날부터 나에게도 고민이 생겼다. 누군가가 잘못 보면 오지랖이 넓다고 할까 봐 괜스레 조심스러웠다. 할머니가 나를 보는 것이 부담스럽지 않게 지인을 통해 깔끔하고 단단한 리어카 한 대를 구입했다.

"할머니!"

"아는 사람이 리어카가 필요 없다고 시골에 갖다주려고 했는데 시골 엄마도 리어카가 있다고 가져오지 말라네요. 할머니 하실래요?"

할머니 얼굴은 반가운 마음이 들킬까 봐 무표정이었다.

"나야 고맙지."

그 뒤로 할머니는 겨울 찬바람을 가르며 4차선 거리를 하루에 한 번만 왕래하면 되었다.

깨끗한 빈 그릇에 꾹꾹 눌러쓴 편지와 함께 사탕 몇 개가 담겨 있었다. 편지는 할머니의 감사 표시다. 직원들이 밥 먹을 때 조금씩 나누었던 소소한 찬과 밥상. 할머니는 나의 작은 밥상이 감사하다며 가끔씩 소녀처럼 쓴 편지를 앞치마에 넣어 주신다. 항상 건강하고 잘되길 바란다며 끝에는 "-순자 올림-"을 꼭 넣으신다.

한 장의 긴 편지를 읽을 때면 가슴 뭉클함이 내 가슴을 녹이는 것 같다.

나의 환경, 나의 능력, 주어진 시간 안에서

작은 온기나마 누군가에게 전해진다면,

달빛이 창을 비쳐도 전깃불이 환하게 할머니의 방을 비춘다면

그곳에 작은 따뜻함이 있지 않을까.

6.

고마운 사람들

벌써 20년이란 시간이 훌쩍 넘어버렸다. 아이들을 초등학교에 보내고 졸업식 날이면 졸업식을 빨리 마치고 가게로 와서 장사를 했던 기억이 난다. 그때 함께했던 그들, 모두 젊음으로 어여쁜 얼굴들이었다. 지금 마주하는 얼굴은 긴 20년의 세월이 만들어 놓은 할머니라는 꼬리표를 달고 있다. 팔이 아프고 허리가 아프고 어깨가 아파 병원을 찾는 시간이 잦다. 서로 보면 측은지심의 눈빛이다.

그들은 처음 장사를 시작했을 때 멤버들과 지금 이 자리로 옮기기 이전의 직원들이다. 아직도 이 가게를 지켜주는 고마운 사람들.

무식하면 용감하다는 말이 있다. 식당 운영 경험이라고는 하나도 없고 아이만 키우던 주부였던 내가 처음 장사를 한다고 했을 때가 딱 그 모양새였다. 주방장의 갑질에 순응하면서 항상 비위를 맞추는 바보 같은 사람이었고 당당하게 목소리도 내지 못하고 남 앞에서 말하는 것도 부끄러워하는 소심한 아줌마였다. 그런 나를 무엇을 믿고 그때부터 지금까지 함께하는지….

삼겹살과 소고기를 파는 고깃집이다 보니 콜레라, 구제역, 장마 등이 돌고 나면 손님은 뚝 끊어졌다. 나는 죽기 살기로 열심히 했지만 언제나 다람쥐 쳇바퀴 돌 듯 그 자리에 머무르고 있었다. 월급날에 월급을 맞추지 못하면 직원과 눈 마주치기가 힘들어 어디론가 숨어버리고 싶었다. 온몸에 미안함이 스멀스멀 기어다녔다.

장사가 안 되는 날엔 걸레를 들고 여기저기 닦는 직원들 마음이라도 편하라고 나는 마당에 나가서 풀을 뽑고 또 뽑고…, 주차장 청소를 하기도 했다.

봄날 따스한 햇살이 나의 온몸을 비추는데 가슴은 시려왔다. 그래도 최대한 가슴을 부풀려 봄볕을 마셨다. 그들에게 위축되는 모습을 보이기 싫었고 강하게 버티고 있으니 걱정 말라는 메시지를 몸으로 전하고 있는 거였다.

'내가 위축되면 얼마나 불안할까. 그들 역시 자녀를 키우는 엄마들 아닌가! 잘될 거야!'

이렇게 생각하며 힘을 내보려 했지만 그래도 눈물이 떨어졌다. 목을 젖혀 봄볕을 더 깊게 마셨다. 똑 부러지게 잘난 구석이 하나도 없었다. 사장이었지만 월급을 제날에 주지 못하니 당당하지도 못했다. 때로는 현금 서비스를 받기도 하고 때로는 카드론을 내기도 하고…. 그렇게 그들과 밥을 같이 먹는 식구가 되었다.

단체 예약이 늦은 밤 9시쯤 들어오면 나는 선뜻 대답을 하지 못했다. 마음은 받고 싶었지만 혼자서 할 수 있는 일이 아니기에…. 그런데 그들은 한 치의 망설임도 없이 예약을 받았다. 단체 손님이 돌아가는 시간은 새벽 2시쯤. 그들은 설거지까지 깔끔하게 마무리하고 집으로 돌아갔다. 종종 이런 날들 덕분에 형편이 좋아지기도 했다. 겨울바람에 볼이 같이 빨개지고 여름 더운 날엔 같이 옷이 흠뻑 젖기도 하고….

나는 성공을 해야겠다고 가슴 깊이 새겼다. 끝까지 이들 직장을 지켜주고 싶었다. 간간이 한가한 시간엔 냉이도 캐고 죽순도 뽑고 머위랑 달래를 캐서 따뜻한 밥으로 서로 정을 나누기도 했다. 어떤 노래가 18번인지, 어떤 춤을 추며 주량은 얼마나 되는지, 어떤 고민이 있는지, 어디가 아픈지 우리는 다 알았다. 힘든 일이 있을 때 손을 맞잡고 울기도 했었고.

맨 처음 아무것도 모르고 자신만만하게 영업을 시작했을 때도 그들은 같이했고 남편이 쓰러지고 가든에서 권리금을 받지 못하고 쫓겨날 때도 그들은 나를 빙빙 돌며 걱정을 같이 해주었다.

또 다른 터전으로 옮겼을 때는 힘들어하는 나에게 각자의 호주머니를 빌려주기도 했고 새 건물을 지어 돈이 부족할 때도 흔쾌히 지갑을 열어주었다. 마음이 무너질 때도 그들은 나를 위로해 주었고 내가 넘어지면 안 된다고 에워싸준 그들.

그렇게 20년 넘는 시간을 동고동락했다.

고마운 한 사람, 한 사람. 그때 모습을 떠올려본다.

그들에게 받은 신세와 도움에 마음 깊이 고개 숙여 감사를 전한다.

7.

겨울 끝자락에 매달린 기도

"엄마가 대학병원에 입원하셨다. 큰 수술을 해야 한단다."

오빠의 전화는 내 가슴을 철렁 내려앉게 했다.

유독 병원을 싫어하시는 엄마. 오빠들이 병원을 좀 모시고 가려면 정말 애를 많이 먹는다.

병원이 가기 싫어 밭에 숨어 풀을 메기도 하셨다.

왜 저럴까?

왜 저렇게 고집이 셀까?

이제 자식들 말 들을 때도 되었는데….

어느 한 곳 흠잡을 데가 없는 분인데 아파 끙끙거려 오빠들이 병원을 모시고 가려 하면 정말 황소처럼 움직이지를 않으시니 골치가 아프다.

저번에 시골에 갔을 때도 배가 아파 식은땀을 흘리면서도 엄마는 기어이 병원에 가지 않았다. 결국 우리 형제들이 항복하고 오빠들이 약을 사 와서 진정시켰다. 우리 형제들은 한동안 집을 떠나지 못하고 누워 계시는 엄마 곁을 뱅뱅 돌다가 해 질 녘 죽이라도 드시는 것을 보고 각자 마음의 무게를 안고 집으로 돌아갈 수 있었다.

엄마는 평생 논과 밭을 일구며 골짜기 동네에 계셔서 그런지 동네를 벗어나는 걸 싫어하셨다.

동네 사람들이 모여 버스를 타고 여행을 갈 때도 큰아들이 힘들다고 가지 않으셨고 동네 부녀회에서 관광을 갈 때도 작은아들이 아프다는 핑계로 가지 않으셨다. 동네 관광 차에서 춤추는 엄마 모습을 한 번도 본 적이 없다. 지금은 연세가 많다고 가지 않으신다.

엄마는 전화로 안부라도 물을라치면 말이 다 끝나기도 전에 오냐 알겠다 끊어 버린다. 이제는 귀가 잘 들리지 않는 것이다. 하루는 올케언니와 동생과 내가 기필코 엄마 귀에 보청기를 해드려야겠다고 단단히 마음을 먹고 시골집으로 갔다.

아랫집 인배 엄마가 놀러 오면 이런 얘기 저런 얘기 나누면서 친구라도 하시고, 혼자 계시니 누가 찾아오거나 전화가 오면 의사소통은 되어야 하지 않겠냐며 어떻게 어떻게 꼬셔서 황소 같은 엄마를 차에 오르게 했다. 차를 타고 가는 내내 엄마의 표정은 굳어 있었다. 마치 어린아이가 엄마 곁을 떠나는 표정이었다. 우리는 동네 밖으로 나와서 그런 걸까 할 뿐이었다.

병원에 도착해서 긴 에스컬레이터를 오르시곤 식은땀을 흘리셨다. 우리는 깜짝 놀라 이비인후과 앞 긴 의자에 엄마를 모셨다. 앉자마자 엄마는 그대로 땅으로 쓰러져버렸다. 그제야 우리는 엄마가 병원 공포증이 있다는 것을 알게 되었다. 병원을 무서워하게 되기까지 어떤 사연이 있었는지는 모르나 엄마 자식으로 반백 년을 살고도 이런 증상이 있는 것을 전혀 몰랐다는 것에 얼마나 죄책감이 들던지…. 그 뒤로 어지간히 아프지 않으시면 병원 가자 소리를 하지 않게 되었다.

그런 엄마가 병원에 실려 갔다고 하니 가슴이 답답하고 어지러웠다. 그것도 대장암이라는 진단으로 말이다. 정말 우리 엄마한테 왜 하필 그런 병이…. 시간이 멈춰 버린 듯 한참 동안 그 자리에 멍하니 정지되어 있었다. 겨우 주방 바깥 작은 의자에 몸을 맡기고 꿈이기를 희망해 보았지만 직원이 와서 나를 위로하며 토닥이는 손길이 느껴진다. '아 꿈이 아니구나.'

어떻게 해야 될까?
엄마는 살 수 있을까?

어디까지 전이되었을까?

희망과 방정맞은 생각이 엉켜 머리가 혼미했다. 장사를 하고 있을 때가 아니었다. 직원들에게 가게를 당부하고 나는 며칠 간병할 옷가지를 싸서 남편과 함께 급히 부산에 있는 대학병원으로 향했다. 겨울 끝자락이 보내는 차가운 바람은 내 마음을 더 꽁꽁 얼게 했다. 부산행 어두운 긴 터널 속에서도 한 줄기 희망을 찾고 싶었다. 엄마를 살려 달라고 이미 간절히 기도하고 있었다.

병원에 도착하니 벌써 오빠는 모든 검사를 끝내고 수술실 앞에서 엄마를 기다리는 중이었다.

수술실 들어가기 전 엄마의 눈가엔 눈물방울이 맺혀 있었다. 엉엉 큰 소리로 울 뻔했다.

"엄마, 한 시간 후면 괜찮을 거라고 하네."

굳게 다문 엄마의 얼굴에 대고 거듭 희망을 이야기하고 있었다. 모두 현실로 이루어지길 간절히 바라면서….

엄마를 수술실에 들여보내고 오빠는 연거푸 담배 연기를 뿜어냈다. 창밖을 바라보니 겨우 매달려 있는 나뭇잎 하나. 마치 엄마의 모습 같아 안간힘을 쓰면서 떨어지지 말기를 기도했다. 소설 『마지막 잎새』의 화가처럼 그림으로라도 나뭇잎을 그리고 싶은 심정이었다. 수술하는 6시간 동안 오빠는 담배 연기를 뿜지 않으면 팔짱을 끼고 그 자리를 맴돌 뿐 서로 아무 말이 없었다. 나는 나의 소원이 하늘에 닿기를 빌었다. 겨울바람이 하늘에 실어줄 것 같았다.

전광판의 숫자가 우리 기다림만큼이나 낮아지고 우리의 몸도 그만큼 굳어가고 있었다. 문이 열리고 의사 선생님이 나왔다.

"수술 잘 되었습니다."

환호를 외치고 싶었지만 나와 오빠는 연신 의사 선생님께 절을 하는 것으로 한없이 기쁜 마음을 표현하고 있었다.

회복실에서 일반 병실로 올라온 엄마는 창가 쪽 침대에 누워 하늘을 바라보며 한마디 하셨다. "하늘의 운이 따랐네."

정말 그날의 겨울 하늘은 유난히 파랬다. 봄이 머지 않았다.

장사하는 딸 녀석이 병간호를 한다고 부담스러웠는지 아픈데도 끙끙 앓지도 않고 새벽부터 운동을 하고 들어오시는 엄마에게 의사 선생님은 운동을 너무 잘하셔서 회복이 아주 빠르다며 칭찬을 아끼지 않으셨다.

"작은오빠는 복실이 밥을 잘 챙겨줄까?"

강아지 걱정을 하시는 걸 보니 많이 회복이 된 것 같았다.

"영배 엄마가 놀러 온다고 했는데….."

엄마의 마음은 벌써 시골집에 가 계셨다.

60에 꿈꾸는 소망 하나

햇살 넘치는 창가에서 턱을 괴고 조용히 눈을 감아본다. 쌀쌀한 바람 탓인지 가을 햇살이 더 따뜻하게 볼에 와 닿는다.

지난 시간들이 주마등처럼 스쳐 지나간다.

옆도 뒤도 돌아볼 수 없었던 질주의 삶. 책임자의 삶이란 이런 것일까.

행여 다칠세라 행여 넘어질세라 굳건하게 버텨온 시간.

엄마이기 때문에 모든 것을 견딜 수 있었던 시간들.

가진 게 없었던 내게 책임감과 성실함은 삶의 원동력이 되었다.

이건희 회장은 한 사람이 30년 정도 해온 걸 보고 나야 제대로 된 평가를 할 수 있다고 했다.

나의 지난 30년은 어땠을까.

60줄에 앉아 돌아보니 그래도 전반전 삶은 참 열심히 성실하게 잘 해낸 것 같다. 때론 거센 파도가 밀려왔지만 엄마라는 거대한 산은 넘어지지 않았다. 늘 나는 잘 해낼 수 있다고 기도했고 믿었고 노력해 온 날들이다.

이렇게 기도하면서 키우던 아이들이 어느새 나의 염려들이 잔소리로 들릴 수도 있겠구나 싶을 만치 장성한 어른이 되어 각자의 인생을 설계하면서 살아가고 있다. 잘 살아왔다.

이젠 후반부 인생은 어떻게 살 것인지, 남아 있는 나이테의 색상은 어떻게 고를 것인지에 대한 생각 속에 미래를 꿈꾸고 있다. 조금 느긋하면서, 쉼이 몸에 익숙하지 않아 무채색이던 인생을 화사한 색상으로 색칠을 해보고 싶다. 소망을 현실로 바꾸어 보기도 하고 미루어 둔 숙제도 해보면서….

마음은 청춘이지만 체력이나 뇌기능이 떨어져 간간이 힘도 들고 건망증도 나타난다. 이 또한 나이를 말해주고 있는 거겠지. 때론 인지기능까지 젊을 때만 못하다는 것을 느낄 때 쓸쓸하기도 하지만 더욱 활력을 불어넣어야겠다고 다짐도 해본다.

100세 시대라고 하는 세상에 우리는 살고 있다. 남은 몇십 년도 계속해서 일을 해야 한다느니 외롭다느니 슬픈 어조로 읊어봐야 얼마나 의미가 있겠는가.

나는 그동안 가슴에 품어 두었던 소망들을 살짝 꺼내 본다. 남편과 세 명의 아이들이 든든한 울타리가 되어주니 가능해진 일이다.

첫 번째 소망은 엄마에 대한 것이다.

나의 마음과 손길은 그동안 항상 아이들로 향해 있었다.

이제 돌아보니 엄마 나이 90이다.

여름이나 겨울이나 일주일마다 푸르디푸른 채소를 오빠 차에 가득가득 보내시는 분.

작년에 젓갈 50상자를 담글 때도 내가 하는 게 마음에 들지 않는다고 엄마가 앞장섰다.

나를 밀어내고 나보다 나은 체력을 보여주셨던 우리 엄마.

체력이 좋아서가 아니라 나를 좀 쉬게 하려고 그러셨다는 걸 나는 안다.

엄마는 언제나 그랬다.

나의 거대한 산인 우리 엄마.

내 아이들 돌보느라 엄마에게 미처 신경 쓰지 못하는 동안 그렇게 굽은 허리로, 그렇게 거친 손으로 행여나 내가 힘들어 넘어질까 내 등을 받치고 계셨던 것이다. 80이 넘어 90이 되어서까지 하루도 변함없이 꿋꿋하게 나를 지켜주고 계셨다.

형편이 된다면 마당 있는 집을 한 채 구해서 엄마의 마지막 생을 함께하고 싶은 소망이 있다. 2층짜리 집을 마련해서 1층에서 엄마랑 함께 살고 싶다. 끝까지 건강하게 걸어 다니신다면 감사하고 또 감사하겠지만 연세가 있으니 어제까지 가능했던 일들이 오늘 갑자기 안 되는 상황이 올 수도 있다. 생각하기 싫지만 암담하고 난감한 일이 눈앞에서 벌어질 수도 있는 것이다. 만약 그런 일이 생기면 병원을 싫어하시는 엄마는 극도로 긴장하고 무서워하실 것인데 바로 그때 내가 곁에 있고 싶다.

내가 넘어질까 봐 지금까지 내 등을 받치고 계셨듯이, 이제 내 손을 내밀어 엄마의 두려움과 긴장을 편안한 안심으로 바꾸어 드리고 싶다. 대소변을 받아내야 할 수도 있고 한 끼 밥도 누군가 먹여줘야 할 수도 있고 여러 가지 편치 않은 일들이 생길 텐데 얼굴 모르는 남보다야 딸이 낫지 않겠나. 때론 힘들겠지만 나는 잘할 것 같다. 시어머님도 그랬고 시아버님도 그랬다. 힘없는 어른들의 몸은 균형을 잡지 못해서 혼자의 힘으로 버거울 수도 있을 것이다. 너무 버거우면 나도 모르게 짜증이 날 수도 있으니 그런 마음이 들지 않게 시설을 잘 해야겠다.

유난히 꽃을 좋아하는 그녀, 우리 엄마를 위해 마당 가득 꽃을 심을 것이다. 봄, 여름, 가을, 겨울 사계절 내내 꽃이 피면 얼마나 좋아하실까 생각하며 혼자 미소 지어 본다.
마당엔 유리 온실을 해야겠다. 문이 활짝 열리는 유리 온실. 가끔 산들

바람이 마당 가득 들어오면 남편과 함께 엄마를 모시고 마당 가운데에서 산들바람을 마시게 해드리면 햇볕이 춤을 추며 꽃들이 활짝 웃는 공간에서 우리 엄마도 웃고 있겠지. 믹스 커피에 설탕을 한 스푼 더 넣어 드시는 엄마를 위해 믹스 커피 가득 쟁여두고,

빵순이 엄마를 위해 빵을 배웠던 남편한테 따뜻한 빵을 구워 달라 하고…. 원래 어른한테 잘하는 남편은 아마 옆에서 잘게 잘게 먹기 좋게 잘라주면서 말동무를 해줄 것이다.

나도 바쁘지 않는 시간이 가끔 있으면 연분홍 국화꽃을 무심히 바라보며 같이 커피를 마시면 행복할 것 같다.

3%의 소금 때문에 바다가 썩지 않듯 아픈 부모님을 외면하지 않는 우리들 또한 이 세상을 존재하게 만드는 데 일조하는 것 아닐까.

창가에서 햇살이 조금씩 옮겨가고 있다.

옮겨간 해를 따라 고개를 돌려 다시 턱을 괴고 두 번째 소망을 꿈꾸어본다.

2층은 쿠킹 클래스와 요리 연구실을 만들면 참 좋겠다.

100세 시대, AI 시대에 사는 우리는 수명의 연장만큼이나 노후의 일을 준비해야 한다. 항상 머릿속에 그렸던 소망 하나가 65세가 되면 쿠킹 클래스를 한 번 열고 싶다는 것이었다. 때론 한적한 시간에 의자에 앉아 있

으면 나의 미래가 파노라마 사진처럼 펼쳐지곤 한다. 그 필름 속에서 나는 쿠킹 클래스를 하고 있었다. 몇십 년 동안 많은 음식을 만들었고 수많은 경험 속에 그것도 내가 좋아하는 일이기에 언제나 준비가 되어 있다.

직업의 안정성이 절대적 기준이 되던 시대는 지나가는 것 같다. AI 시대가 생각보다 빠르게 성큼 다가온다. 세상의 변화 앞에 우리는 남은 시간을 어떻게 써야 하며 좋아하는 일을 어떻게 찾아야 하는지 고민해야 한다. 몇십 년을 음식을 만드는 데 전념했고 요리는 언제나 즐거운 일이었다.

65세에 쿠킹 클래스를 꿈꾸는 것도 그다지 허망한 소망은 아닌 것 같다. 진정성을 가지고 힐링이 되는 공간을 만든다면 나를 찾아주는 분이 계시지 않을까 싶다.

그날을 위해 열심히 도자기도 그릇도 만들어 본다.

좋아하는 일을 현직에서 밀려나지 않고 오래 함께하는 소망을 가져본다.

새날이 밝아올 때마다 60에 꿈꾸는 작은 소망은 점점 선명해진다.

행복도 그만큼 진해진다.